AF557107

SCHWÄBISCHER BAROCK Winkel

Wolfgang Strobl

SCHWÄBISCHER BAROCK *Winkel*

Barocke Pracht in einer Landschaft stiller Schönheit

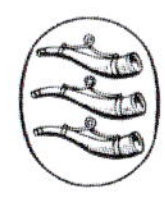

Anton H. Konrad Verlag

Vorwort

Es ist ein Kuriosum: Seit Jahrzehnten weisen an der Autobahn München – Stuttgart große Hinweisschilder auf den *Schwäbischen Barockwinkel* hin. Doch weitergehende Informationen zu dieser offenbar nicht näher definierten, kunst- und kulturhistorisch interessanten Region finden sich kaum. Nur bruchstückhaft taucht der Begriff *Schwäbischer Barockwinkel* immer dann und nur am Rande auf, wenn Touristiker rund um den Freizeitpark Legoland auch das geschichtliche Erbe als interessanten Mehrwert ins Feld führen, warum die Region besuchenswert sei.

Genau das mag auch der Grund gewesen sein, den Namen *Schwäbischer Barockwinkel* überhaupt zu setzen. Man erinnere sich: Als der frühere Günzburger Landrat und Bezirkstagspräsident Bayerisch-Schwabens, Dr. Georg Simnacher, den Begriff in den 1980er Jahren ins Leben rief, mag er zwei Ziele im Sinn gehabt haben: den Versuch, seinem bis dahin in keiner Weise besonders auffälligen Landkreis ein Profil zu geben. Und ganz sicher war es dem kunstsinnigen Landrat ein wichtiges Anliegen, die kulturhistorischen Schätze seiner Heimatregion mehr in den Blickpunkt zu rücken. Dabei hatte Simnacher ganz sicher auch den „Pfaffenwinkel“ im Auge, der erfolgreich vormachte, wie man mit Kunstschätzen in Oberbayern erfolgreiches Tourismusmarketing umsetzt, auch wenn diese Region den Schwaben einen 200-jährigen Vorteil voraushatte: Schon 1756 tauchte in einer Veröffentlichung der Begriff „Anguli Monachorum“ (Ecke der Mönche) für das Gebiet zwischen Lech, Loisach und Starnberger See auf, der als volkstümlicher Name erhalten blieb und als „Pfaffenwinkel“ seit langem positive Assoziationen hervorruft und auch ganz offiziell als Bezeichnung einer durch den Freistaat Bayern geförderten Tourismusregion dient.

Das blieb den Schwaben bislang versagt. Denn zu unscharf, zu unkonturiert und zu uneindeutig ist bis heute das, was an der Autobahn als Schlagwort für diese Kulturregion steht. Auch heute, mehr als 30 Jahre nach der Einführung des Begriffs *Schwäbischer Barockwinkel*, gibt es dazu keine klare Definition und Publikation dazu, das Gebiet und kunsthistorisch Interessantes konkreter zu umfassen.

Das vorliegende Buch ist der Versuch, erstmals die Gedanken umfassend zusammenzubringen, die dem *Schwäbischen Barockwinkel* innewohnen – Kultur-Erleben mit Ausflug und Urlaub zu verknüpfen. Denn die sanft hügelige Landschaft Mittelschwabens ist wie gemacht dafür, in schöner Natur eingebettete Kulturadressen zu genießen. Dabei soll vorliegendes Buch einen informativen Einstieg schaffen, um mehr über die versteckten Schlösschen, reich ausgestatteten Dorfkirchen, schönen Stadtkerne und mächtigen Klosteranlagen zu erfahren, die alle erzählen von der durchaus bewegten und oftmals überraschenden Geschichte der Region.

Dazu zieht dieses Buch Grenzen. Und zwar solche, die zumindest aus Sicht des Autors einem *Schwäbischen Barockwinkel* im Sinne Simnachers gerecht würden. Weil die Höhepunkte schwäbischer Barockgeschichte nicht ohne Ottobeuren, Oberschönenfeld, Buxheim, Elchingen oder Illertissen denkbar sind, setzt dieses Buch das Gebiet des *Schwäbischen Barockwinkels* mit dem Mittelschwabens gleich und erweitert es nach Osten hin über die Mindel: Als Teil des historischen Oberschwabens ist Mittelschwaben im Norden von der Donau und im Westen von der Iller begrenzt. Als südliche Abgrenzung sieht die Fachwelt die Endmoränen der Würmeiszeit, die Mittelschwaben bei Memmingen, Mindelheim und Bad Wörishofen zum Allgäu hin begrenzen. Im Osten endet Mittelschwaben im weitesten Sinne an den östlichen Kanten der sogenannten Donau-Iller-Lech-Platte, die das dünn besiedelte Gebiet der Stauden, der Reischenau und des Holzwinkels im Naturpark Augsburg Westliche Wälder umfassen – also das Gebiet zwischen Augsburg und Ulm, in dem man zur Zeit des schwäbischen Barocks enge Beziehungen pflegte, die sich auch in der Architektur vor allem kirchlicher Bauten niederschlugen.

Die besondere Vielzahl an barocken Bauwerken in Mittelschwaben geht zurück auf die Situation unmittelbar nach dem Dreißigjährigen Krieg 1648: Die Gegend war fast vollständig entvölkert, Ortschaften stark verwüstet, gebrandschatzt und geplündert. Ankömmlinge aus dem Habsburger Reich, dem die Region damals in weiten Teilen zugehörig war, kamen vor allem aus Tirol und Vorarlberg und brachten architektonischen Sachverstand, bauhandwerkliches Geschick und die Möglichkeiten mit, zerstörte Gebäude wieder aufzubauen oder neu zu errichten – im Stile der neuen Epoche, des Barocks. Weil auch die Herrschaften in der Region – zum Beispiel auch die Fugger und Vöhlin ebenso wie die Klöster – in Konkurrenz zueinander standen und ihre Bedeutung zeigen wollten, entstanden repräsentative kirchliche und weltliche Gebäude, die Eindruck machen und von der Leistungskraft ihrer Bauherren zeugen sollten. In den fast 150 Jahren, welche die Barockzeit in der Region andauerte, strebten die Gebäude himmelwärts und sollten mit Hilfe der Architektur auch die Gefühle des Betrachters ansprechen. Stuck, Engel, Putti in bewegten, fast theatralischen Szenerien und Formen zogen in die Kirchen ein – oft prunkvoll golden und edel weiß, um Macht und Reichtum demonstrativ zu zeigen – ein Glücksfall für die Region, die eine Vielzahl hervorragender Baumeister und Künstler hervorbrachte, die neben den Klöstern auch prächtige Dorf- und Wallfahrtskirchen in höchster Qualität bauten, die auch heute noch zu bestaunen sind.

Dieses Buch ist dem Ursprungsgedanken Dr. Simnachers gewidmet – mit der Motivation, dessen Idee wiederzubeleben, die Menschen aus der Region für ihre kulturellen Schätze der Heimat zu sensibilisieren und ein kulturaffines, touristisches Publikum auf die barocken Kostbarkeiten aufmerksam zu machen. Auch wenn dieser Band nur eine begrenzte Auswahl barocker Adressen der Region beinhalten kann, versteht er sich als Sammlung von Fakten, Fotos und interessanten Geschichten, die Lust machen soll, den *Schwäbischen Barockwinkel* bewusst wahrzunehmen. Dazu haben wir die barocken Höhepunkte der Region erstmals alphabetisch und übersichtlich in einer Karte verortet. Sie zeigt auf einen Blick, wo barocke Pracht in einer Landschaft oft stiller Schönheit entdeckt und erlebt werden kann – im *Schwäbischen Barockwinkel.*

Wolfgang Strobl

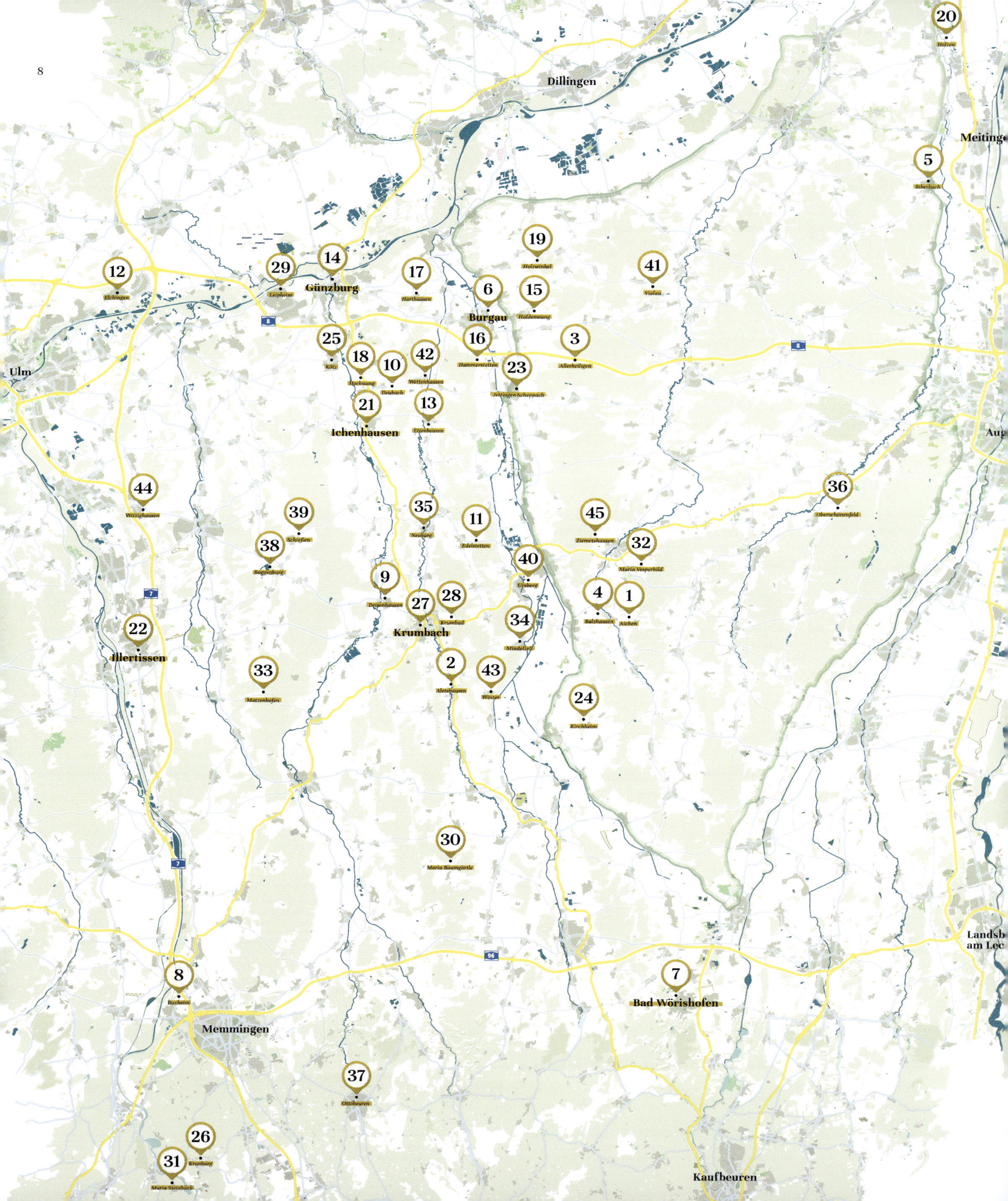

20 Holzen
Dillingen
5 Biberbach
19 Holzwinkel
41 Violau
12 Elchingen
29 Leipheim
14 Günzburg
17 Harthausen
6 Burgau
15 Haldenwang
Ulm
25 Kötz
18 Hochwang
10 Deubach
42 Wettenhausen
16 Hammerstetten
23 Jettingen-Scheppach
3 Allerheiligen
21 Ichenhausen
13 Ettenbeuren
44 Witzighausen
39 Schießen
38 Roggenburg
35 Neuburg
11 Edelstetten
45 Ziemetshausen
36 Oberschönenfeld
32 Maria Vesperbild
40 Ursberg
9 Deisenhausen
27 Krumbach
28 Krumbad
4 Balzhausen
1 Aichen
22 Illertissen
34 Mindelzell
33 Matzenhofen
2 Aletshausen
43 Winzer
24 Kirchheim
30 Maria Baumgärtle
8 Buxheim
Memmingen
7 Bad Wörishofen
37 Ottobeuren
26 Kronburg
31 Maria Steinbach
Kaufbeuren

Übersicht & Inhalt

Barock hat immer Konjunktur, auch in diesen Tagen: Dieser kleine Putto in der Ottobeurer Basilika ist einer der meistgesehenen des Schwäbischen Barockwinkels: Seit vielen Jahren ist das rotbäckige Engelchen die Figur auf Plakaten, in Anzeigen und auf dem Titel von Informationsbroschüren für die jährlich stattfindenden Veranstaltungen der Ottobeurer Konzerte.

* Die auf den Nachfolgeseiten in *kursiver Schrift* gesetzten Personen sind in der Zeittafel auf Seite 234 aufgeführt.

Grüß Gott

im Schwäbischen Barockwinkel

In Schießen offenbart sich in der Pfarr- und Wallfahrtskirche Mariä Himmelfahrt große Kunst aus der Epoche des Barock. Damit ist der kleine Ort typisch für die Region des Schwäbischen Barockwinkels, die mit reichen Schätzen dieser Zeit gesegnet ist.

Aichen

Die Kirche mit den zwei Türmen

Im 17. Jahrhundert war man in Obergessertshausen, einem Ortsteil der Gemeinde Aichen, nicht gerade glücklich. Schließlich war der Vorgängerbau der heutigen Kirche bereits seit spätestens 1316 eine Pfarrkirche unter dem Patronat der Heiligen Petrus und Paulus, vermittelte durch den fehlenden Turm jedoch den Eindruck einer Kapelle. Als man 1665 feststellte, dass der Dachreiter baufällig wurde, reiften Pläne, einen 40 Meter hohen Turm zu bauen. Beim Neubau des Langhauses um 1769 erhielt dennoch wieder ein Dachreiter den Vorzug, der Kosten wegen. Um 1775 baute die Herrschaft Seyfriedsberg, die den Zehnten von Obergessertshausen bezog, den Chorraum neu. Die Altarbilder um die ausdrucksstarke, gotische Pietà kamen wie die schönen Deckenfresken nach und nach dazu. Was weiter fehlte, war ein richtiger Turm. Der wurde dann 1902 durch eine Stiftung der Familie Linder doch noch gebaut. So hat St. Peter und Paul heute zwei Türme: Ein mächtiger Giebelreiter konkurriert mit dem nur über einen Verbindungsgang zum Langhaus angefügten Zwiebelturm.

Besonderheit im Aichener Gemeindeteil Obergessertshausen: Die Pfarrkirche besitzt zwei Türme.

Aletshausen

Die Pfarrkirche Heilig Kreuz

Der Dreißigjährige Krieg und die Pest hatten gewütet, bevor der Aletshausener Pfarrer 1735 eine Armenseelen-Bruderschaft ins Leben rief, um die Kirche zu erweitern. Als der meisterliche Weißenhorner Maler *Franz Martin Kuen* 1763 das Hauptfresko im Langhaus gestaltete, in dem die Armenseelen-Bruderschaft gemeinsam mit Maria und heiligen Fürbittern Christus um Gnade bittet, während ein Engel einige Sünder aus dem Fegefeuer rettet, malt er auch Pfarrer Widemann an die Spitze der Bruderschaftsmitglieder. Ohne sein Engagement wäre der Ausbau der Kirche nicht möglich gewesen, die 1763 als Schmuckstück vollendet war. Als man 1910 nochmals erweiterte, wurde die Innenausstattung um Barockaltäre, -figuren und die zwölf Apostelfiguren ergänzt.

Deckenfresken in Aletshausen: Besonders sehenswert ist das Hauptfresko im Langhaus von Franz Martin Kuen, signiert 1763. Rechts: Bruderschaftsmitglieder flehen zu Gott.

Apostel säumen den Innenraum der Aletshauser St. Kreuz-Kirche. Sie wurden für eine Kirchenerweiterung 1910 im Kunsthandel erworben. Auch zwei Altäre aus dem Niederbayerischen kamen dabei nach Aletshausen (Mitte).

Allerheiligen

Der „Heilige Berg“ über Scheppach

Nur die Turmspitze schaut aus den mächtigen Baumriesen über der Hochfläche östlich von Scheppach heraus. Allerheiligen muss als „Heiliger Berg“ bereits im 14. Jahrhundert Wallfahrtsziel gewesen sein.

140 „Stapfeln“ steigt man hinauf auf einen Bergsporn über den Talbach, im Volksmund einfach der „Hoilge“ genannt. Der Aufstieg lohnt nicht nur für Gläubige und Kunstsinnige: Der Holgenwirth stellt nicht nur sprachlich die Verbindung zum Heiligen Berg her, er hält mit Speis und Trank auch Leib und Seele der Wallfahrer zusammen. Die bewegen sich in Allerheiligen auf historischem Boden. 1608 wurden erstmals die Altäre des Gotteshauses beschrieben, der Dreißigjährige Krieg ruinierte die Wallfahrt. 1694 brach bei einem Gottesdienst in der prall gefüllten Kirche Panik aus, als man dachte, aufgrund des schlechten Zustands stürze der Glockenturm und die Kirche ein. Vier Personen wurden totgetreten, ein Dutzend Pilger verletzt. Bald war man einig, dass die Kirche neu gebaut werden solle. *Simpert Kraemer*, der „Meister von Edelstetten“, lieferte den Bauplan und erstellte 1731 das Langhaus. 1753–1755 fügte *Joseph Dossenberger* den Chorraum an. Der aus Söflingen bei Ulm stammende Meister *Johann Baptist Enderle* führte zuerst in stärkerer Farbigkeit um 1755 die Ausmalung des Chorraumes aus, bevor er 1770 in zarten, pastelligen Farben die Langhausbilder malte. Die Anbetung der Könige und die feinen Szenen aus der Kindheit Jesu an den Emporenbrüstungen gehören mit insgesamt 26 Fresken in der Kirche zu den Höhepunkten barocker Malerei in Schwaben. Die wird in Allerheiligen ergänzt um spätgotische Kunstwerke: das Gnadenbild im Hochaltar wie auch das Kruzifix wurden um 1490 bzw. 1520 in Ulmer Werkstätten geschaffen.

Der Hochaltar der Wallfahrtskirche Allerheiligen stammt aus dem Rokoko um 1755. In seinem Zentrum der Gnadenschrein mit spätgotischem Vesperbild.

Unter dem schattigen Dach mächtiger Linden befinden sich die Kreuzwegstationen (um 1746 bis 1748) auf dem „Hoilgen“, wo auch der „Holgenwirth“ zur Einkehr lädt.

Regina

Balzhausen

Dem jugendlichen Märtyrer gewidmet

1766 begann der Bau der Pfarrkirche, die dem jugendlichen Märtyrer aus der Zeit der diokletianischen Christenverfolgung gewidmet ist. Als Maler konnte der Augsburger *Johann Baptist Bergmüller* gewonnen werden, der sich bis dahin vor allem als Kupferstecher und Kunsttheoretiker einen Namen gemacht hat. Die altehrwürdige Pietà (um 1400) auf dem Seitenaltar hat Bergmüller auch in sein großes Deckenfresko gemalt: Maria als Königin der Märtyrer, umgeben von den 14 Nothelfern, darunter Kirchenpatron St. Vitus, dem heiligen Georg und dem kirchlichen Oberhaupt Papst Clemens XIII. Ihm gegenüber steht, typisch für die Zeit seiner Entstehung, die weltliche Herrschaft: Joseph II., der Kaiser des Heiligen Römischen Reiches, dessen Wappen ein Putto in der Bildmitte trägt. Was im Bildausschnitt links nicht zu sehen ist: Umrahmt sind die Herrscher von der lokalen Obrigkeit: dem Propst des Augsburger Stifts St. Moritz, dem Herrn von Seyfriedsberg und der Äbtissin von Edelstetten.

VON 1766 BIS 1768 dauerten die Bauarbeiten, die von Baumeister Johann Georg Hitzelberger (1714–1792) aus Ziemetshausen geleitet wurden. Der barocke Turm war bereits 1717

Viel Licht bringen die großen Fenster der Südseite in die Rokokokirche St. Vitus. Links: Ausschnitt Deckenfresko.

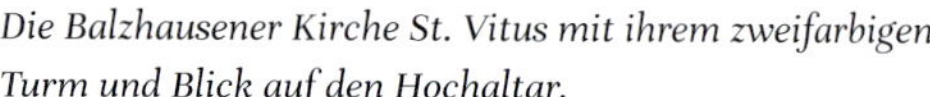

Die Balzhausener Kirche St. Vitus mit ihrem zweifarbigen Turm und Blick auf den Hochaltar.

fertiggestellt worden. Er wurde auf den romanischen Unterbau und das gotische Mittelteil gesetzt. Mit seiner zweifarbigen Gliederung und der schlank nach oben strebenden Zwiebelhaube ist der Balzhausener Kirchturm von weitem ein schöner Blickfang.

DER KIRCHENRAUM wirkt großzügig weit und licht. Die im Stile des Rokoko ausgeführte Kirchenkunst widmet sich dem theologischen Programm, das der Balzhausener Pfarrer Johann Georg Schwarz entworfen hatte: der Glaube an den dreifaltigen Gott, die Liebe zur Gottesmutter und den Heiligen, die Offenbarung der Heiligen Schrift und die Treue gegenüber der Obrigkeit – Themen, die *Bergmüller* inspirierten. Die Chorraumfresken erzählen vom Glauben an den dreifaltigen Gott, im Kirchenschiff sind Szenen des Alten und des Neuen Testaments und Maria als Königin der Märtyrer Thema. Sie ist umgeben von St. Vitus als einem der 14 Nothelfer, zu erkennen an Hermelin und Ölkessel, sowie an noch herausragenderer Stelle der Heilige Georg – Namenspatron ebenjenes wohlsituierten Balzhausener Pfarrers und Stifters, der die Kirche aus Geldnot der Gemeinde auf eigene Kosten fertigstellen und sich daher im großen Deckenfresko verewigen ließ. In das Deckenfresko eingemalt ist auch die um 1400 geschaffene gotische Pietà des Seitenaltars. Den Rahmen für das große Bild schaffen zehn Heilige, die Lieblingsheiligen des Ortspfarrers Schwarz. Verspielter Rokokostuck des Kemnater Franz Hölzle fasst die Bilder ein, die wiederum umgeben sind von reizvollen Putten auf den Gesimsen an den runden Abschlussbögen der hohen Fenster.

IHREN HÖHEPUNKT findet die Balzhausener Rokokokirche St. Vitus jedoch unter dem nach Osten gerichteten Fenster des Hochaltars. Der Krumbacher Maler *Jakob Fröschle,* der bereits zwei Jahre zuvor 1776 im nahen Ursberg tätig war, schuf in dunklen Farben das Bild „Die Verherrlichung des heiligen Vitus", das von den mächtigen Säulen des Hochaltars umgeben ist. Gegenüber dem Hochaltar trägt die symmetrisch aufgebaute Doppelempore mit ihren zwei Säulenpaaren und Emporenbildern die in der Mitte geteilten Orgelpfeifen, die unter das Runddach der schönen Balzhausener Rokokokirche eingepasst sind.

Das große Deckenfresko mit den 14 Nothelfern, umgeben von den zehn Lieblingsheiligen des Pfarrers Schwarz.

SCHIEFE GIEBELREITERTÜRME

Gefährlich schief neigt sich der Giebelreiterturm der Balzhausener St. Leonhardskapelle (rechts) auf die Seite – ebenso der Giebelreiter auf der Kapelle Heilige Dreifaltigkeit in Egenhofen (links). Grund dafür ist, dass selbst die versierten Baumeister des Barock diese Art des kostengünstigen „Turmersatzes" wohl statisch unterschätzt haben: Während ein echter Kirchturm ein Fundament aufweist, sitzen die kecken Giebelreiter auf den Mauerwerken der Kirchlein auf. Die Folge waren Setzungen durch zu schwache Abmessungen oder wegen Erschütterungen, verursacht durch den modernen Straßenverkehr. St. Leonhard wurde übrigens rechtzeitig gestützt: 1975 zog man Stahlfachwerkbinder ein.
Foto Mitte: Die Riedener Dreifaltigkeitskapelle entstand wie die meisten anderen Giebelreiterkapellen der Region in der Blütezeit des Barock.

Biberbach

Die Wallfahrt zum „Herrgöttle“

Die barocke Pfarr- und Wallfahrtskirche St. Jakobus, St. Laurentius und Heiliges Kreuz in Biberbach gilt als eindrucksvolles Zeugnis der ehemals blühenden Wallfahrt zum „Herrgöttle von Biberbach“.

Das „Herrgöttle von Biberbach“ findet seit 1525 Verehrung. Das romanische Kruzifix ist den Gläubigen weit über Schwabens Grenzen hinaus lieb geworden: Die priesterlich weit ausladenden Arme, das geneigte Haupt, der gütige Blick kennzeichnen das stattliche romanische Kreuzbildnis des Hochaltars, das in der verniedlichenden schwäbischen Umgangssprache schlicht „Herrgöttle“ genannt wird. Die Holzskulptur stammt aus der Zeit um 1220, soll im Jahr 1525 in den Wirren des Bauernkriegs von einem Fuhrmann im Württembergischen gefunden und in die Biberbacher Kirche gebracht worden sein, über die die Fugger, die großen Förderer der katholischen Sache, das Patronatsrecht ausübten.

DIE WALLFAHRT ZUM „HERRGÖTTLE“ enwickelte sich später unter Pfarrer Antonius Ginther, der aus ärmeren Verhältnissen stammte und auf Kosten der Fugger studieren durfte. Er ist der Erste, der von einer Heilung am eigenen Leib berichtete – sein Leistenbruch war Ende der 1670er Jahre plötzlich verschwunden. Er holte das Kreuz, das bis dato ziemlich hoch und unbeachtet an der Südwand der Kirche hing, herunter und errichtete einen kleinen Heilig-Kreuz-Altar in der Seitenkapelle. Der erste Gottesdienst im Mai 1681 fand unter großem Zulauf statt. Zwei Jahre später erschien das erste Mirakelbuch Ginthers, in der alle Heilungen aufgelistet wurden, die in seinen ersten Jahren geschahen. Schnell wurde die alte Kirche zu klein, 1684 fand die Grundsteinlegung statt, Baumeister *Valerian Brenner* baute in den kommenden zehn Jahren die bestehende Kirche auf 50 Meter Länge und 22 Meter Breite aus: Das „Herrgöttle“ wurde am 30. November 1694 in der fertigen Kirche in die Apsis gebracht. 1697 fand endlich die feierliche Weihe der Kirche statt: Die Patrone St. Jakobus Mayjor und St. Laurentius bleiben erhalten, das Heilige Kreuz kommt hinzu. Die Baukosten beliefen sich zu dem Zeitpunkt bereits auf 62.000 Gulden. Die unzähligen Wallfahrer, die inzwischen zum „Herrgöttle von Biberbach“ pilgerten,

„Die Erlösung der Welt durch den Kreuzestod Christi" und „Kaiser Heraklius trägt das wiedergefundene Kreuz Christi nach Jerusalem" sind Deckenmalereien Johann Balthasar Riepps im Langhaus, die 1753 entstanden. Das „Hergöttle von Biberbach" ist zentrales Element in der Apsis über dem Altar.

Linke Seite: Der Kalvarienberg am nördlichen Hang des Kirchenhügels ist eine monumentale Kreuzigungsgruppe (um 1906).

ließen für damalige Verhältnisse viel in den Stock fallen, und auch die Fugger, so wird vermutet, gaben viel dazu, auch wenn dafür keine Belege vorhanden sind. Die Seitenaltäre entstanden Anfang des 18. Jahrhunderts, wobei auch *Dominikus Zimmermann* – der Baumeister der Wieskirche, die heute UNESCO-Weltkulturerbe ist – figurales Schnitzwerk geschaffen hat. Nach dem Tod Pfarrer Ginthers wurden die Wallfahrer immer weniger. Daraufhin ließ Pfarrer Keller 1753 den Kirchenraum im Stil des Rokoko neu stuckieren und freskieren, vervollständigte die Ausstattung mit Figuren und brachte drei weitere Mirakelbücher heraus – mit Erfolg. Die Wallfahrer kamen wieder.

DIE KIRCHE zeigt sich heute im Großen und Ganzen so, wie sie unter Pfarrer Keller gestaltet wurde – nur der Hauptaltar kam bei einer Restaurierung 1961 abhanden. Deckenfresken von Johann Balthasar Riepp (1753), Barockfiguren wie der heilige Simon und der heilige Laurentius (1730), die geschnitzte, goldgefasste Skulpturengruppe „Mutter Anna und Maria“ im südlichen Seitenaltar (1713) oder prachtvolle Skulpturengruppen wie die „Glorie mit Engeln“ vermitteln glanzvolle barocke Pracht, in der am 6. November 1766 ein Kuriosum stattfand: Der zehnjährige Wolfgang Amadeus Mozart wird von einem anderen „Wunderkind“, dem zwölfjährigen Joseph Sigmund Eugen Bachmann, zum Orgelwettstreit herausgefordert. Sieger gab es keinen. Der junge Schwabe zeigte sich der genialen Kunst Mozarts ebenbürtig.

Die Burg „Markt“ oberhalb der Schmutter wurde von Jakob Fugger erworben und liegt heute als „Fuggerschloss“ in Sichtweite von Biberbach.

Burgau

Der schiefe Turm in der „Burg bei der Au“

Johann Baptist Enderle gilt als einer der fruchtbarsten Rokokomaler der Region. Seinem Werk begegnet man vor allem im nordwestlichen Teil des Bistums Augsburg, so auch in Burgau. Die Kleinstadt an der Mindel mit heute etwas mehr als 10.000 Einwohnern wird mit einem Herren von „Burgov“ bereits in einer Urkunde 1147 genannt. Die Bürger von Burgau sind 1307 erstmals erwähnt. Der Ort, dessen Name „Burg bei der Au“ als Hinweis auf die topografisch günstige Lage auf der westlichen Anhöhe über dem Mindeltal gewertet werden kann, scheint damals bereits Stadt gewesen zu sein.

Zeugnisse aus dieser Zeit finden sich kaum mehr. Beim Spaziergang durch die Altstadt stößt man jedoch schnell auf andere Dokumente der bedeutsamen Vergangenheit Burgaus: den kaiserlichen Doppeladler als sichtbares Zeichen für die gut 500-jährige Zugehörigkeit der Markgrafschaft Burgau zum Hause Habsburg. In diese Zeit fällt auch die Errichtung der exponiertesten Bauwerke der Stadt. Im 17. und 18. Jahrhundert entstanden der Neubau der Burg, das damals neue und heute schon wieder alte Rathaus, St. Leonhard und der sogenannte „Blockhausturm“, der als eines von drei Stadttoren bis

Rundgang durch Burgau: Altstadthaus an der Mindel (linke Seite), das alte Rathaus (oben), der markante Blockhausturm als letztes verbliebenes Burgauer Stadttor und die Kirche St. Leonhard (unten links und rechts)

in die heutige Zeit überdauerte. Die Loretokapelle, zu früheren Zeiten vielbesuchter Wallfahrtsort, ist über zahlreiche Stufen an den Stationen des Kreuzwegs ein Ort naturumgebener Idylle. An der Schwelle zum Klassizismus entstand nach langem Ringen um eine eigenständige Pfarrei im Herzen der Stadt nahe des Marienbrunnens zwischen 1788 und 1790 die katholische Pfarrkirche Mariä Himmelfahrt mit prächtigen Deckenfresken *Konrad Hubers* und ebenjenes *Johann Baptist Enderle*, dessen Werke Kirchen in 45 sakralen Bauwerken vor allem im bayerischen Schwaben zieren. *Enderle,* 1725 in Söflingen bei Ulm geboren, ging bei seinem Onkel Anton in Günzburg in eine Malerlehre, wie vermutet wird. Als Geselle arbeitet er mit dem nur wenig älteren *Franz Martin Kuen* aus Weißenhorn, einem Meister seines Fachs. Dieser beeinflusste die Kunstfertigkeit Johann Baptist Enderles, dem er auch einige Aufträge überließ. Die ersten von *Enderle* signierten Fresken finden sich 1753 und 1754, lange bevor dieser mit dem jüngeren *Konrad Huber* an das Ausmalen der Burgauer Stadtpfarrkirche ging. Die Kirche, die den Übergang des Barockzeitalters zum Frühklassizismus markiert und stilistisch verwandt ist mit den Kirchen in Elchingen (1782 bis 1786), Ingstetten (1790/91, Gemeinde Roggenburg) und Breitenthal (1785), strahlt ganz dem Konzept des Klassizismus folgend eine klar konturierte, schlichte Erhabenheit, Übersichtlichkeit und Ruhe aus. Das Deckengemälde „Mariä Himmelfahrt" und das Deckenfresko „Anbetung der Hirten" schuf Enderle 1790, ebenso wie *Konrad Huber* sein Chorfresko „Letztes Abendmahl". Eine augenfällige Besonderheit im Schwäbischen Barockwinkel ist der Turm der Pfarrkirche: Bereits 1630 notierte man eine Neigung bereits am Vorgängerbau. Weil der Turm auf nachgiebigem „Fuchssand" gebaut worden war, neigte er sich nach Fertigstellung der neuen Kirche nach 1790 mehr und mehr: 78,5 cm zur Seite Richtung Osten, 39 cm nach Süden. Schon 1886 und 1949/50 stützte und sicherte man den „schiefen Turm von Burgau" – so steht er trotz sichtbarer Neigung bis heute fest.

Der schiefe Kirchturm von Mariä Himmelfahrt markiert das Zentrum der Burgauer Altstadt.

Links: Der Hochaltar mit Kreuzigungsgruppe sowie die beiden Seitenaltäre mit Bildnis des heiligen Sebastian sowie das Maria-Königin-Gnadenbild im linken Seitenaltar

Den in der Region typischen Zwiebelturm zeigt auch die Kirche St. Leonhard, dem auch das Altarbild von Maler Konrad Knoll 1668/70 gewidmet ist. Die Kirche, die hauptsächlich durch private Stiftungen ausgestattet wurde, wird fälschlicherweise häufig für eine Friedhofskapelle gehalten – was zwar aufgrund ihrer Lage am Eingang des Burgauer Friedhofs vermutet werden könnte, jedoch nicht richtig ist. Denn der Friedhof wurde erst nach Errichtung der eigenen Pfarrei im Jahr 1725 angelegt, St. Leonhard stand jedoch schon vorher. Die barocken Friedhofsportale wurden später angebaut.

Im Westen Burgaus liegen die Stadtteile Ober- und Unterknöringen, Kleinanhausen und Limbach. Auch dort finden sich barocke Kleinodien. In der Filialkirche Mariä Opferung in Großanhausen ist mit den beiden Fresken um die Geburt Jesu, entstanden im Jahr 1796, das Alterswerk des Künstlers *Johann Baptist Enderle* zu entdecken. In Limbach fällt der gedrungene, markant rotgezwiebelte Turm der Pfarrkirche St. Stefan ins Auge. Da das bereits 1503 geweihte gotische Gotteshaus zunehmend marode wurde, erneuerte man im Jahr 1674 den Hochaltar im Stil des Barock. Er wird von zwei sehr qualitätvollen spätgotischen Figuren der Apostelfürsten Peter und Paul (Ulm, um 1500) flankiert. *Joseph Dossenberger* – einer der führenden Baumeister seiner Zeit – zeichnete für die Raumschale aus dem Jahr 1756 verantwortlich. In die frühe Schaffenszeit *Enderles* fielen auch die Fresken, mit denen er als einer der besten Maler des schwäbischen Rokoko zur Ausstattung von St. Stefan beigetragen hat.

Das frühere Kirchdorf und heutiger Stadtteil Kleinanhausen liegt etwas abseits zwischen Unterknöringen und Limbach. Das einzige Baudenkmal dort stammt aus der Zeit des Barock. Die fast unscheinbar wirkende St. Gangolfskirche liegt eng und geduckt am Ortseingang mit heute rund 230 Einwohnern. Das beachtenswerte barocke Altarblatt stammt aus Zeit um 1680.

DIE ALTE DORFWIRTSCHAFT HAT AUSGEDIENT

Man mag es sich gern lebhaft vorstellen, wie Gruppen sich angeregt unterhaltender Männer sich kurz auf dem Platz vor der Kirche sammelten und dann direkt aufs Wirtshaus gegenüber zusteuerten. Der sonntägliche Frühschoppen hatte ganz sicher auch in Großanhausen Tradition, als das Gasthaus gegenüber der Filialkirche Mariä Opferung gesellschaftliches Zentrum im Ort war. Die lange Wirtshaustradition ist lange gestorben, ebenso wie die Hirschbrauerei Günzburg, deren Getränkekarte noch immer wie eine Grabinschrift am Eingang hängt. Dass der zweigeschossige Satteldachbau mit Schweifgiebel und Firstaufsatz aus dem Ende des 18. Jahrhunderts zunehmend verfällt, ist leider ein Zeichen unserer Zeit. Die alte Dorfwirtschaft hat ausgedient – und eine aufwendige Sanierung des Gebäudes an der Bgm.-Mader-Straße ist vermutlich nicht rentabel.

St. Gangolf in Kleinanhausen, Mariä Opferung in Großanhausen (oben links und rechts) und St. Stefan in Limbach (unten rechts). Unten links: Blick über den Marienbrunnen (1730) zu Mariä Himmelfahrt

Bad Wörishofen

Das Kloster „Maria Königin der Engel" und Pfarrer Kneipp

Ein „Haus des Herrn" wurde in der Barockzeit als „Pforte des Himmels" verstanden und deshalb besonders reich ausgestattet. Das ist auch in der Kneippstadt Bad Wörishofen nicht anders. 1719 wurde der Grundstein für das Kloster „Maria Königin der Engel" gelegt, 1721 kamen die ersten Schwestern des Augsburger Dominikanerinnenklosters St. Katharina nach Wörishofen und bezogen das neu errichtete Kloster. Am 23. September 1723 wurde auch die in das Klostergebäude integrierte Klosterkirche fertiggestellt und geweiht. Der Schwesternchor liegt öffentlich nicht zugänglich im über den Kreuzgang erreichbaren Teil im Kloster. Der Kirchenraum selbst besteht aus dem Langhaus, das von der Straße her betreten werden kann.

Das Kloster der Dominikanerinnen samt Kirche wurde entworfen von Architekt Franz Beer von Bleichten. *Dominikus Zimmermann* stattete die Kirche mit überwiegend weißer Stuckdekoration mit wechselnd farbigem Untergrund aus. Zahlreiche Fresken seines Bruders, des Münchner Hofmalers *Johann Baptist Zimmermann,* schaffen zusammen mit den drei Altären eine gestalterische Einheit. Dominikanerbruder Valentin Zindter und seine Gehilfen schufen kostbare Intarsienarbeiten aus verschiedenen Hölzern, die mit aufwendigen Einlegearbeiten aus Horn, Messing und Zinn in der Handwerkstechnik der Boullemarketerie veredelt wurden. Auch die Kanzel mit ihrem reich gestalteten Schalldeckel ist ein Entwurf Valentin Zindters. Ihn ziert der heilige Dominikus, der Gründervater des „Predigerordens" der Dominikaner.

NACH DER SÄKULARISIERUNG 1802 und dem späteren Rückkauf vom Staat erwies es sich als Glücksfall für das Kloster, dass Pfarrer Sebastian Kneipp 1855 den Dominikanerinnen als Beichtvater und Hausgeistlicher zugeteilt wurde. Durch Pfarrer Kneipp begann im Kloster der Aufstieg des Bauerndorfs Wörishofen zum heutigen Kneipp-Heilbad. „Ohne Christina von Fronhofen kein Dominikanerinnenkloster. Ohne Dominikanerinnenkloster kein Pfarrer Kneipp. Und ohne Pfarrer Kneipp kein Bad Wörishofen", formulieren die Ordensschwestern heute selbstbewusst die Entwicklung des Ortes zur Kurstadt. Pfarrer Kneipp entwickelte die fünf Wirkprinzipien seines Heilverfahrens und starb 1897 im Kloster der Dominikanerinnen. Dort erinnert an der Nordfassade der Klostermauer unter einem Fenster eine Gedenktafel an den als „Wasserdoktor" bekannt und berühmt gewordenen Pfarrer.

Das Kloster in Wörishofen war eng verbunden mit Pfarrer Sebastian Kneipp.

Buxheim

Die einzige Reichskartause Deutschlands

Als schlichtweg „fantastisch" wird die Annakapelle von ausgewiesenen Fachleuten bezeichnet – und das hat seinen Grund: Putti, Stuck und Gold, mit direktem und indirektem Licht in Szene gesetzt, überraschen in der kleinen Kapelle hinter ihrem schlicht gehaltenen Zugang vom Kreuzweg aus mit allem, was das Rokoko zu bieten hat. Ursprünglich war die Kapelle vom Biberacher Donatpriester Hildebrand Brandenburg zum Gedenken an seine Mutter Anna 1505 im gotischen Stil gestiftet worden. In den Jahren 1738/40 wurde die Kapelle im Rahmen der Modernisierung der gesamten Anlage barockisiert. Warme, helle Farben umgeben die Besucher, die beim Blick nach oben in ein Gewölbe einem meisterhaften Kunstgriff der Wessobrunner Brüder *Dominikus* und *Johann Baptist Zimmermann* nachspüren können: Es ist ausgestattet mit unzähligen gemalten und figuralen Engelchen und kindsgleichen Figuren. Die kleine Kapelle wirkt wie ein Oktaeder, nicht viereckig, wie sich aufgrund ihrer realen äußeren Form vermuten ließe. Die Buxheimer bezeichnen die Annakapelle als „ihre kleine Wies" – in Anspielung auf das spätere Meisterstück der Brüder Zimmermann, die Wallfahrtskirche „Zum gegeißelten Heiland auf der Wies" bei Steingaden.

Ein Herz zur Zierde: Kamintürmchen in Buxheim

DER EHEMALS EINZIGEN REICHSKARTAUSE des Landes – die Kartause Buxheim unterstand ab 1548 als einzige direkt dem Schutz des deutschen Kaisers – widerfuhr nach der Säkularisierung des Klosters 1883/84 der „Ausverkauf". Wertvolle Kunstgegenstände, darunter das Chorgestühl, wurden versteigert und verteilten sich über die ganze Welt. Beinahe 100 Jahre später gelang es 1980 die Rückkehr dieses Kunstwerks von europäischem Rang aus einem englischen Frauenkloster nach Buxheim zu ermöglichen. Was der Tiroler Künstler Ignaz Waibl und seine Helfer ab 1687 in vier Jahren aus Eichenholz mit ihren Schnitzwerkzeugen schufen, erhielt in England einen schwarzen Anstrich. 14 Jahre arbeiteten Restauratoren, um die Mönchsfiguren, Engel und Apostel wieder in den ursprünglichen Zustand zu versetzen. Heute wie damals beeindruckt das Kunstwerk: Unheimliche Figuren symbolisieren das Böse. Geistliche verkörpern, wie Gläubige dem Bösen entrinnen können. Darüber: die Pracht des Himmels in Form von Aposteln, Erzengeln und Engeln.

Putti in der Annakapelle des Kartäuserklosters Buxheim

Schnitzwerk in vollendeter Schönheit: Von den ursprünglich 36 Chorstühlen sind heute noch 31 zu bestaunen. Das gesamte Kunstwerk wurde 1883 versteigert. Nach fast genau 100 Jahren kam das Buxheimer Chorgestühl auf Initiative des Bezirks Schwaben 1980 von einer Krankenhauskirche in England wieder zurück und wurde umfangreich restauriert.

Nächste Seite: Ansicht des Buxheimer Chorgestühls mit Blick auf den reich verzierten Altar

Bildstöcke und Marterl wie bei Deisenhausen (oben) oder zwischen Stoffenried und Schießen (unten links) bzw. Neuburg und Wattenweiler (unten rechts) sind Ausdruck gelebter Volksfrömmigkeit.

GELEBTE VOLKSFRÖMMIGKEIT

Als Anstoß zum Gebet unterwegs sind im Schwäbischen Barockwinkel auch verschiedenste Wegkreuze, Marterl oder Bildstöcke zu entdecken, die zum Teil kunstvoll gearbeitete kleine Gemälde oder Heiligenfiguren tragen. Oft werden an Bildstöcken Blumen hinterlegt oder Kerzen angezündet. Bildstöcke wie die oberhalb der Ortschaft Deisenhausen oder zwischen Neuburg an der Kammel und Wattenweiler sind aus Stein bzw. Mauerwerk. Sie wurden mit Votiv- und Andachtsbildern errichtet. Bildstöcke sind Zeichen der Dankbarkeit für überstandene Gefahren, Krankheiten oder Seuchen oder erinnern an Unglücksfälle, die sich an der Stelle zugetragen haben, und sind sichtbare Zeichen der Volksfrömmigkeit.

Volksfrömmigkeit nennt man den außerliturgischen Gottesdienst, der sich in verschiedenen Andachtsformen widerspiegelt und der Verehrung Gottes und der Heiligen dient. Nach Papst Benedikt XVI. ist sie als „mit dem Herzen gelebter Glaube“ zu sehen.

Deisenhausen

Enderle – eine günstige Lösung

1767 schloss Baumeister *Joseph Dossenberger* seine Arbeiten an der Pfarrkirche in Deisenhausen ab, als klar war, dass weder die Pfarrei noch die örtliche Kirchenstiftung Geld hatte, eine dem noblen Äußeren entsprechende Kirchenausstattung zu bezahlen. So machte man Schulden, um eine auch im Inneren schöne Kirche zu bekommen, und gewann *Johann Baptist Enderle*, der als Geselle *Franz Martin Kuens* bereits in Mindelzell 1762 den Kreuzweg gemalt hatte. *Enderle* hatte sich einen Namen gemacht und war dafür bekannt, besonders preisgünstig zu arbeiten – was vielleicht den Ausschlag gegeben haben mag, ihn zu verpflichten. *Enderles* Bildprogramm (1767) ist dem Namenspatron der Kirche, dem Märtyrer und Heiligen Stephanus, gewidmet. Er zählte zu den sieben Männern, die von den Aposteln ausgewählt wurden, um diesen bei ihrer Aufgabe zu helfen, die frohe Botschaft zu verkünden. Stephanus wurde später gesteinigt. Kunstfreunde schätzen an der Deisenhauser Kirche die lichtvolle, zartfarbige Gesamterscheinung des späten Rokoko, bei dem Stuck und Fresken vorzüglich harmonieren.

Erst als das Äußere fertig war, plante man in Deisenhausen die Innenausstattung und engagierte für die Fresken Johann Baptist Enderle.

Deubach

„Superba ecclesia" St. Martin

Der Bauplatz war von *Johann Martin Kraemer* und seinem Vater *Simpert* hervorragend gewählt, als 1739 im Ichenhausener Stadtteil Deubach mit dem Bau der Kirche St. Martin begonnen wurde. Nur 170 Einwohner zählte der kleine Ort seinerzeit, umso größer das Erstaunen, mit welchen Ausmaßen der Kirchenbau in exponierter Lage über den Dächern von Deubach überrascht. In nur zwei Jahren Bauzeit ließ *Martin Kraemer* seiner Fantasie im Kirchenraum freien Lauf. Er schlang Bänder um die anmutigen Freskenfelder, die in Akanthusranken auslaufen. Stuck, Blüten- und Muschelornamente umspielen die kostbaren Fresken, allen voran das farbenprächtige Hauptdeckenfresko von Johann Georg Wolcker (um 1700–1766), auf dem die damals vier bekannten Erdteile und mit ihnen der ganze Erdkreis der himmlischen Königin Maria huldigen (Ausschnitt rechts). Auch der weitere Freskenzyklus widmet sich dem Leben Mariens – Deubach war seit der Notzeit des Dreißigjährigen Krieges alte Marienwallfahrt. „Superba ecclesia" schreibt ein Chronist schon im Entstehungsjahr: prächtige Kirche. Deren Bruderschaftsmadonna des Hochaltars mit dem göttlichen Kinde stammt aus der Hand eines wahren Meisters: des in Neuburg an der Kammel geborenen Holzbildhauers *Christoph Rodt*.

Exponierter Platz über der Dorfsilhouette: St. Martin in Deubach entstand als Barockjuwel in den Jahren 1739/40.

Edelstetten

Ein Stift für feine Damen

„Touristische Unterrichtungstafeln" heißen in sperrigem Amtsdeutsch die braunen Hinweisschilder an der Autobahn. Eine davon ziert die Silhouette des Klosters Edelstetten und verweist auf den Schwäbischen Barockwinkel, stellvertretend für die Vielzahl großer und kleiner, meist kirchlicher Bauten in der Region Mittelschwaben, deren Turmabschlüsse häufig die charakteristische Form einer Zwiebelhaube haben.

Das gilt auch für St. Johannes Baptist und Johannes Evangelist, die als Südflügel der Klosteranlage gleichzeitig Stiftskirche und Pfarrkirche des Ortes Edelstetten war. Bereits 1126 von der Stifterin und ersten Äbtissin Gisela von Schwabegg-Balzhausen als Augustinerchorfrauenstift gegründet, war Edelstetten spätestens um 1500 in ein weltliches, adeliges Kanonissenstift umgewandelt. Aus diesem Damenstift konnten die Chorfrauen, mit Ausnahme der auf Lebenszeit gewählten Äbtissinnen, jederzeit austreten oder auch heiraten,

Barocke Architektur in ihrer schönsten Form: Die Ansicht Edelstettens ziert auch das touristische Hinweisschild auf der Autobahn A 8.

Der achteckige Kirchturm Edelstettens mit über Eck gestellten Pilastern und Giebelschmuck gilt als einer der schönsten im Schwäbischen Barockwinkel (vorn der Pfarrhof).

Rechte Seite von oben nach unten: Marienmotiv aus dem 39 Bilder umfassenden Freskenzyklus. Darunter: Das Adlerwappen der Grafschaft Schwabegg verweist auf die erste Äbtissin des Klosters. Unten: Blick durch den Kirchenraum auf die Orgelempore

weshalb es sich in Edelstetten eher um eine Versorgungsanstalt für Töchter des niederen schwäbischen Adels handelte denn um ein Kloster. Die adeligen Damen sorgten dafür, dass der Ort, der bis um das Jahr 1500 Oetlinstetten hieß, in „Edelstetten" umbenannt wurde.

DIE HEUTIGE BAROCKE KLOSTERANLAGE samt Kirche wurde 1681 bis 1712 errichtet und ist Zeugnis der größten Blütezeit des Stiftes. In diese Zeit fiel auch der Neubau der Klostergebäude: Äbtissin Katharina Franziska von Westernach ließ kurz nach ihrem Amtsantritt die baufälligen Gebäude abbrechen und beauftragte den Vorarlberger Michael Thumb mit den Planungen für die neue Anlage. Thumb, der einige Jahre zuvor im nahen Wettenhausen den Kirchenbau vollendet hatte, konnte die nötige Schar an Handwerkern und Arbeitern organisieren – was den Baumeistern aus der Region durch den lange währenden Krieg noch Mitte der 1680er Jahre nicht möglich war. In Mittelschwaben war zu diesem Zeitpunkt jegliche handwerkliche und künstlerische Tradition erloschen.

EIN STÜCK NEUER KUNSTGESCHICHTE der Region beginnt mit dem Bau des Edelstetter Kirchturms. Im November 1700 verzeichnen die Rechnungen erstmals heimische Meister. Mang (Magnus) Kraemer aus Weißensee bei Füssen und seine Gesellen, darunter sicher seine Söhne *Simpert* und Leopold, arbeiteten am Edelstetter Turm, der 1714 vollendet wurde und als einer der schönsten im Schwäbischen Barockwinkel gilt. Mang Kraemer setzte auf den mittelalterlichen Unterbau mit noch romanischen Mauerresten zwei weitere Geschosse, die durch ein profiliertes Gesims getrennt sind. Über Eck gestellte Pilaster betonen die Achtecksform des markanten Turms. Die Form schmucker Dreiecks- und Segmentgiebel über den Blenden beider Geschosse hat Mang Kraemer vermutlich von der Front der Dillinger Universität übernommen, die er auf dem Weg zu seiner vorigen Baustelle in Syrgenstein wohl gesehen haben musste.

PRACHTVOLL AUSGESTATTET mit weißem Stuck, der den 39 Bilder zählenden Freskenzyklus mit neutestamentlichen Szenen umfasst, Haupt- und Seitenaltäre mit großen Altarbildern, umgeben von Säulenpaaren und lebensgroß wirkenden, weiß-gold gefassten Heiligenfiguren der beiden Kirchenpatrone, vermitteln feierliche Pracht. Die Stuckarbeiten, für die *Simpert Kraemer* vermutlich aus Wessobrunn stammende Gesellen anstellte, entsprechen auch völlig der bedeutenden Wessobrunner Schule, die im 18. Jahrhundert maßgeblich die Stuckkunst in Süddeutschland, Tirol und der Schweiz dominierte.

Blick auf den Hochaltar mit dem Gemälde „Mariä Himmelfahrt" und die beiden Seitenaltäre

Für *Simpert Kraemer* war die Ausführung der Kirche der erste große Auftrag, dem zahlreiche weitere folgen sollten. *Simpert Kraemer* stieg 1717 bis zum Klosterbaumeister Ottobeurens auf, wo der Bau der Ottobeurer Klosterkirche als eines der anspruchsvollsten Bauvorhaben des 18. Jahrhunderts galt. In Edelstetten zog sich die Ausstattung bis in die zweite Hälfte des 18. Jahrhunderts hin. 1783 wurde Kloster Edelstetten zum „reichs-frei-weltlichen adeligen Damenstift", also zur Reichsabtei erhoben, die nur dem Kaiser unterstand. Doch schon 1802 wurde die Abtei säkularisiert und dem belgischen Fürsten Karl von Ligne als Reichsgrafschaft zugesprochen. Die pensionierten Stiftsdamen durften weiterhin das zum Schloss gewordene Gebäude bewohnen, aus dem sie schließlich 1803 auszogen.

Am 25. Februar 1804 kaufte der ungarische Fürst Nikolaus II. Esterházy von Galántha die Grafschaft samt Anlage, die seither im Besitz der Fürsten Esterházy ist. Noch im selben Jahr erhob sie Kaiser Franz II. zur gefürsteten Reichsgrafschaft. Kurz darauf kam Edelstetten – wie das gesamte Gebiet zwischen Iller und Lech – infolge des Preßburger Friedens zwischen dem Kaisertum Österreich und dem französischen Kaiser Napoleon Bonaparte zu Bayern. Alle Gebäude, wie auch die Innenausstattung der repräsentativen Räume aus dem 18. Jahrhundert, beispielsweise der Chinesische Saal, blieben erhalten. Ebenso die wertvolle Barockkrippe, die jedes Jahr zwischen Advent und Mariä Lichtmess in den Räumen des Schlosses museal präsentiert wird.

Elchingen

Königshalle Gottes am Rande eines Schlachtfelds

Geduckt zeigt sich die ehemalige Klosterkirche Elchingens hinter den nördlich angrenzenden Feldern. Dort fand am 14. Oktober 1805 die Schlacht von Elchingen statt, die den Dritten Koalitionskrieg zugunsten Napoleons entschied. Der Kaiser der Franzosen bezog in den Gebäuden des Klosters daraufhin Quartier.

Von links nach rechts: Gnadenbild der Mutter der Sieben Schmerzen, Hochaltar und Blick auf die Kanzel, Orgel und das Deckenfresko Zicks, die „Mariae Heimsuchung“

DIE BENEDIKTINERABTEI ELCHINGEN hatte bereits im Jahr 1150 ungewöhnlich reichen Besitz: Auch wenn die Frühgeschichte im Dunkeln liegt, geht man davon aus, dass Graf Adalbert von Ravenstein und dessen Gemahlin Berta vor 1120 Stifter des zunächst im Tal nahe der Donau errichteten Klosters waren. Nach einem Brand gründete die Tochter des Grafen – Luitgard mit ihrem Gemahl, dem Markgrafen Konrad von Meißen – innerhalb einer mittelalterlichen Burg auf dem Berg das Kloster neu und unterstellte es 1142 dem Heiligen Stuhl. Durch reiche Zustiftungen aus dem Erbe Luitgards wie auch durch Dotationsgüter in der Bodenseeregion, die mit dem Kloster Reichenau gegen Besitz in der Ulmer Gegend getauscht wurden, war Kloster Elchingen gut gestellt, was ihm in der weiteren Geschichte zugutekommen sollte. Die exponierte Lage über der Donau brachte zwar wirtschaftliche Vorteile, aber auch eine ständige Bedrohung durch vorbeiziehende Truppen. Plünderungen im Bauernkrieg 1525, Brandschatzungen im Schmalkaldischen Krieg 1546/47 durch die Reichsstadt Ulm, verheerende Schäden im Markgrafenkrieg 1552, massive Zerstörungen im Dreißigjährigen Krieg standen vor der Zeit des Wiederaufbaus unter den Äbten Anselm Bauser, Meinrad Hummel und Cölestin Rieder zwischen 1657 und 1740. Damals wurden die bis dahin noch mittelalterlichen Klostergebäude durch eine geschlossene barocke Anlage ersetzt, wobei auch die im Ursprung romanische Klosterkirche trotz zwischenzeitlicher Ausstattung im frühbarocken Stil der neuen Stilrichtung des Rokoko angepasst wurde.

EIN VERHEERENDER BRAND 1773 nach einem Blitzschlag machte erneut umfangreiche Baumaßnahmen notwendig. Nun entstand die Kirche, die in ihrer Pracht noch heute zu erleben ist: Stiftbaumeister *Joseph Dossenberger* gestaltete von 1774 bis 1785 die Kirche um. Er schuf einen neuen Grundriss für den Chor, indem er zwischen dem Langhaus und dem Altarraum einen runden Zentralraum einfügte, wo auch das Chorgestühl Raum fand. Der Eindruck ist auch heute noch faszinierend: Eine gediegene Eleganz der Farben, Formen und des Lichts schafft eine Harmonie, die Kunstsinnige mit dem biblischen Bild des „Himmlischen Jerusalem“ assoziieren – eine Königshalle Gottes, mit eindrucksvollen Maßen von 60 Metern Länge, 20 Metern Breite und 18 Metern Höhe. Sichtbar wird der Stilwandel, der sich während der Neuerrichtung vollzogen hat: Der Mönchschor zeigt noch den Stil des Rokoko, das Kirchenschiff präsentiert sich

Das Martinstor am Eingang zum ehem. Klosterbezirk ist ein verbliebener Rest der Klostergebäude, die nach der endgültigen Auflösung des Konvents 1805 großteils abgerissen wurden.

Fotos rechte Seite: Am 1844 errichteten Pfarrhaus südlich der Kirche führt der Weg in den schönen Klostergarten mit Blick über das Donautal.

Darunter: Kirche mit Klosterbräustuben

Unten: Kirche, Westfassade

bereits in der Stilrichtung des Frühklassizismus. Dabei verstand es der versierte *Dossenberger*, der viele Jahre zuvor Baumeister des Augustiner-Chorherrenstifts Wettenhausen war und mit den Kirchen und profanen Bauwerken unter anderem in Günzburg, Scheppach oder Waldkirch bedeutende Bauwerke schuf, die beiden Kunstrichtungen in der Elchinger Klosterkirche als harmonische Einheit zusammenzuführen.

HOFMALER JANUARIUS ZICK (1730–1797) entwarf die frühklassizistische Ausstattung und stellte in den Deckenfresken szenisch das Leben Mariens und des heiligen Benedikt dar. Aus der Hand Zicks entstand auch das große Altarbild, dessen Motiv mit der Darstellung Mariens als Himmelskönigin der Offenbarung entnommen ist. Das in dunklen Farben gehaltene Bild ist umrahmt vom gewaltigen Aufbau des Hochaltars, der von Johann Michael Fischer (1717–1801) aus Dillingen gestaltet wurde, der auch im Wesentlichen für die Innenausstattung dieser in Weiß und Gold erstrahlenden Pracht verantwortlich zeichnet. Fischer stellte die beiden Kirchenpatrone, die Apostel Petrus und Paulus, wie auch die Ordenspatrone, den heiligen Benedikt und die heilige Scholastika, überlebensgroß und ausdrucksstark gestaltet neben die Säulen um das Altarbild.

DIE MARIENSTATUE, die 1607 von *Christoph Rodt* geschaffen wurde, steht mit Krone und Szepter wie eine Königin auf einer Mondsichel, als Zeichen der Vergänglichkeit. Noch bekannter ist die Elchinger Schmerzensmutter. Sie ist eine ältere Marienstatue, die im 17. Jahrhundert umgearbeitet wurde und 1733 ihre heutige Gestalt mit den sieben Schwertern und dem kostbaren Stoffornat gefunden hat. Eingerahmt von Engeln fand das Gnadenbild Platz auf dem strahlend in Gold eingefassten Altar im nördlichen Seitenschiff. Die 1644 gegründete Bruderschaft zu den Sieben Schmerzen, die bis heute an jedem ersten Sonntag des Monats ihren Bruderschaftssonntag feiert, ist sichtbares Zeichen der lebendigen Wallfahrt, wie auch der Sieben-Schmerzen-Tag (der Freitag vor Palmsonntag) sowie der Hohe Umgang (zehnter Tag nach Fronleichnam) besondere Wallfahrtstage in Elchingen geblieben sind.

DAS KLÖSTERLICHE LEBEN in Elchingen endete in Folge der Säkularisation 1805. Seither ist die ehemalige Klosterkirche Pfarr- und Wallfahrtskirche. Als bei der Schlacht von Elchingen im Oktober 1805 die Soldaten Napoleons die Truppen Österreichs besiegten, machten Sie aus der Kirche einen Pferdestall. Der Kaiser selbst schlug in einem der Klostergebäude sein Hauptquartier auf.

Direkt neben dem Flüsschen Kammel liegt Ettenbeurens Kirche Mariä Himmelfahrt. 1672 stürzte deren Turm mit großem Getöse ein, zerschmetterte den Chor und beschädigte das Langhaus.

Ettenbeuren

Der Turmeinsturz von Mariä Himmelfahrt

In Sichtweite zu Wettenhausen ragt der Turm der Ettenbeurer Kirche Mariä Himmelfahrt über das Kammeltal. Der sorgte am 1. Mai 1672, abends um 8 Uhr, für gewaltige Aufregung im Ort – mit großem Getöse stürzte der Kirchturm ein, zerschmetterte den Chor und beschädigte das Langhaus. Bis 1684 wurde die im Kern gotische Kirche durch den Vorarlberger Michael Thumb wiederhergestellt und der nun schön verzierte Turm von Grund auf neu gebaut. Bereits 1764 bis 1766 verlängerte Stiftsbaumeister *Joseph Dossenberger* das Langhaus, erhöhte es, baute es grundlegend um und zierte es mit Stuck und Fresken aus. *Dossenberger* ist als Rokoko-Baumeister bekannt, der unter anderem auch im nahen Hochwang, in Wettenhausen und in Günzburg an der dortigen vorderösterreichischen Kaserne wirkte. Doch zurück in die Kirche nach Ettenbeuren: Das Fresko im Chor wurde 1893 vom Schweizer Spätnazarener August Müller neu gemalt, die Altäre entstanden im Zuge der Innenrestaurierung um 1900. Der Rokokostuck dagegen stammt aus dem 18. Jahrhundert. Er wird 1766 Johann Michael Hoiß zugeschrieben. Von *Dossenberger* 1769 ebenfalls umgestaltet wurde die Kapelle Hl. Dreifaltigkeit im nahen Egenhofen (Seite 25), ein schlanker Satteldachbau mit Dachreiterturm.

Der Turm von Mariä Himmelfahrt in Ettenbeuren über dem Kammeltal (auch nächste Doppelseite)

P PFARRER

Den Heldentod starben
Adelbert Konrad, gef. 8. 6. 16. b. Verdun.
Ubald Baur, gef. 28. 6. 16. b. Kowel.
Engelb. Essenwanger, gef. 23. 7. 16 b.
Gregor Mändle, gef. 5. 9. 16. b. Chapitrewald.
Theodor Fritz, gef. 19. 9. 16. b. Aubers.
Johann Bestler, gef. 29. 9. 16. b. Dorna Watra.
Andreas Kaiser, gef. 9. 10. 16. a. d. Somme.
Joseph Grüner, gef. 28. 10. 16. a. d. Somme
Mathias Schuster, gef. 3. 11. 16. a. d. Somme
Leonhard Luible, gef. 4. 11. 16. b.
Martin Saumweber, gef. 22. 12. 16. b.
Michael Göppel, gef. 23. 12. 16. i. Rumänien.
Joseph Schneider, gef. 9. 4. 17. b.
Martin Sailer, gef. 5. 5. 17. b. Arrass.
Joseph Baumeister, gef. 20. 5. 17. a. d. Aisne
Joseph Saumweber, gef. 22. 5. 17. a. Winterberg.
Jakob Fischer, gef. 30. 10. 16. i. Rumänien
Michael Welsch

Die abgeschlossene Nonnenempore unterhalb der Orgel

Günzburg

Ein Rundgang durch die Donaustadt

Der Frauenplatz in Günzburg wirkt eng. Fast ein wenig zu eng, um die Bedeutung des Bauwerks aufnehmen zu können, das den kleinen Platz nach Norden hin begrenzt: das römisch-katholische Gotteshaus „Zu unserer lieben Frau“ oder einfach die Frauenkirche, wie die Günzburger ihr in Weiß und Rosé gehaltenes Baujuwel nennen. Sie ist der bedeutendste Kirchenbau der Stadt und genießt als unmittelbarer Vorläuferbau der weltberühmten Wieskirche einen ausgezeichneten Ruf bei Kunstfreunden aus nah und fern. Denn der Baumeister der Wieskirche ließ sich auch in Günzburg viel einfallen, was alles andere als üblich war. Doch der Reihe nach: Die Geschichte der barocken Frauenkirche begann mit einer Katastrophe. Am 8. Mai 1735 brannte die halbe nördliche Altstadt Günzburgs ab, auch die bisherige

Das große Deckenfresko „Krönung Mariens" (links). Reicher Figurenschmuck wie das Gnadenbild, Putten, Engel und Heiligenfiguren

Reizvoller Kontrast von neuer und historische Architektur im Günzburger Frauengässchen, hinter dem die zart rosa konturierten Pilaster am Turm das markante Dach zu tragen scheinen.

Rechte Seite: Blick auf den Hochaltar und die Seitenaltäre der Frauenkirche

gotische Frauenkirche fiel dem Brand zum Opfer. Trotz der Not und leerer Kassen beauftragte der Günzburger Rat der Stadt den damals bereits 50-jährigen *Dominikus Zimmermann* – einen „Star" seiner Zeit aus der Wessobrunner Schule. Der angesehene Stuckateur, Altarbauer, Maler und Architekt ließ sich trotz Geldnot nicht beirren. Wie bei der oft als „schönste Dorfkirche der Welt" bezeichneten Wallfahrtskirche in Steinhausen (Bauzeit 1727 bis 1733) gestaltete *Dominikus Zimmermann* das Langhaus oval. Das gelang ihm trotz rechteckigen Grundrisses mit einem Kunstgriff: Er rundete die Ecken ab und wölbte den Mittelteil aus. Damit schuf der geniale Baumeister das wichtigste Mittel, einen spannungsvollen und dynamischen Gegensatz zwischen Kirchenraum und Chor mit fließenden Formen zu gestalten. Ein doppelgeschossiger Altar, der das Streben in die Höhe verkörpert, wie auch die doppelte Schale des Chorraums, in dem die Fenster vom Kirchenraum aus nicht zu sehen sind und dennoch starkes indirektes Licht hereinlassen, schaffen eine unvergleichliche Atmosphäre. Kenner sehen in diesem Zusammenspiel der Leichtigkeit des Hauptraums und der Strenge des Chors einen herrlichen Kontrast weltlicher Offenheit und himmlischen Gebots, irdischen Reichtums und göttlicher Fülle.

Die zweigeschossigen Fenster tauchen den Innenraum in ein helles Licht und zeigen, was die Kirchenausstattung zu bieten hat. Prachtvolle, wie echter Marmor wirkende Säulen schaffen die optische Verbindung ins Gewölbe, wo das große Fresko des Günzburger Malers *Anton Enderle* die Krönung Mariens und ihre Verehrung durch den Kranz von Heiligen und Vertretern der damals vier bekannten Erdteile darstellt. Wie in einer Marienkirche üblich, bezieht sich auch in der Günzburger Frauenkirche das gesamte Programm der Ausmalung auf die Marienverehrung. Neben *Enderle* und *Dominikus Zimmermann* selbst, der auch den Stuck des Langhauses schuf, verewigten sich hier weitere heimische Künstler und Kunsthandwerker. Beim Blick vom Altar

zurück auf die Orgel fällt eine weitere Besonderheit ins Auge: eine Kirche in der Kirche. Unter der Orgel schuf der Baumeister *Zimmermann* über den Köpfen der Kirchenbesucher einen abgeschlossenen Bereich, der durch kunstvoll geschnitzte Holzgitter jahrhundertelang den Blicken der Öffentlichkeit verborgen blieb. Die Nonnen des benachbarten Maria-Ward-Klosters hatten das verbriefte Recht auf ihre Hauskapelle in der Frauenkirche. So konnten die Schwestern ungestört beten – oder dem Gottesdienst in der Frauenkirche beiwohnen.

DAS BRENTANO-HAUS AM MARKTPLATZ ist das schönste profane Barockbauwerk Günzburgs. Das stattliche Wohn- und Geschäftshaus, das der Handelskompanie Brentano-Monticelli & Co. gehörte, die vorwiegend mit dem in Günzburg und der Umgebung gewebten Leinenstoff handelte, wurde ab 1747 errichtet. Über dem heutigen Eingang, der damals als Durchfahrt für die Fuhrwerke der Handelsfirma diente, lugt der Kopf des Merkur (Gott der Händler) hervor – eine Ergänzung des 20. Jahrhunderts, die jedoch gut zur früheren Bestimmung des eindrucksvollen Gebäudes passt. Nur wenige Schritte vom Brentanohaus entfernt liegt das sogenannte Dossenberger-Haus, das von Joseph Dossenberger am südöstlichen Ende der Günzburger Oberstadt als ehemaliger Rokoko-Kasernenbau errichtet wurde und heute als „Haus der Bildung“ genutzt wird.

KAISERIN MARIA THERESIA war der Stadt wohlgesinnt. Während ihrer Herrschaft wurde im Markgrafenschloss die verbreitetste Silbermünze der Welt geprägt: der Maria-Theresien-

Taler. Die bis heute in Wien geprägten Taler tragen noch immer das Günzburger Münzmeisterzeichen „SF“, das für die Münzmeister Tobias Schöbl und Joseph Faby steht. Für ein standesgemäßes Schloss mit dazugehöriger Hofkirche sollte schon 1577 der italienische Baumeister Alberto Lucchese beauftragt werden. Um 1600 wird die prachtvolle Ausstattung des Schlosses in Reiseberichten beschrieben. Doch die Pracht sollte nur kurz währen. Der Dreißigjährige Krieg verursachte große Schäden, ebenso der Brand von 1703. Nur noch einmal sollte noch kurz höfischer Glanz in die Räume einziehen, als Marie Antoinette, die Tochter der Kaiserin Maria Theresia, am 29. April 1770 auf ihrem Brautzug von Wien nach Versailles unter großem Jubel in Günzburg einzog und zwei Nächte im Schloss verbracht haben soll.

NICHT NUR EIN SCHLOSS, AUCH EINE BURG hat Günzburg zu bieten. Im gleichnamigen Stadtteil Reisensburg steht an höchster Stelle ein gedrungener, kompakter Bau mit markantem Bergfried. Dem mittelalterlichen Wehrturm verleihen Zinnenkranz und Ecktürmchen eine verspielte Note, wenngleich die Gebäude selbst einen anderen Charakter aufweisen. Der Schlosshof ist nach drei Seiten zwar im Stil der Vorgängerbauten gehalten. Diese entpuppen sich jedoch als zweckmäßig angepasste Neubauten. Seit 1968 ist die Reisensburg als Zentrum für wissenschaftliche Zusammenarbeit Ort des Austausches und der Begegnung, jedoch für die Öffentlichkeit nicht zugänglich. Interessant ist, dass am Schlossberg lange vorgeschichtliche Besiedelung nachgewiesen werden konnte. Die topografischen Spuren wie auch Grabungen des Historischen Vereins Günzburg und des Bayerischen Landesamts für Denkmalpflege machten den Ort als attraktiven Wohnplatz der Jungsteinzeit und der Bronzezeit aus.

Die Hofkirche im ehemaligen Markgrafenschloss ist heute profaniert. Die Gebäude des Schlosses dienen der Stadt, dem Finanzamt und dem Amtsgericht als Diensträume. Ehemals war im Schloss auch die Münzprägestätte untergebracht, in der der berühmte Maria-Theresien-Taler geprägt wurde. Unten: St. Sixtus und der Bergfried der Reisensburg

Haldenwang

Neugotisches Schloss und unbefleckte Empfängnis

Immaculata, die „Unbefleckte", ist einer der Titel für die Gottesmutter Maria in der römisch-katholischen Kirche. Dieser ist das Haldenwanger Gotteshaus geweiht, dessen Kuppel sich über dem Örtchen am östlichen Rand des Mindeltals erhebt. Maria Immaculata bildet auch das Thema in der künstlerischen Ausstattung. *Anton Enderle*, der auch in der Günzburger Frauenkirche die Verherrlichung Mariens im Langhaus freskiert hat, arbeitete hier 1760 für die Herren des Schlosses Haldenwang, das direkt über der Kirche auf einem Bergsporn thront. Die Freiherren von Freyberg waren bereits sehr lange in Besitz des Schlosses, das zum Zeitpunkt des Kirchenbaus beschrieben wird als „ein Dorff von 52 Feüerstätten, nebst einem Schloß, einer Mahlmühle von 2 Gängen und Braÿstatt, hat starcken Feldbau, Wiesewachs, Viehzucht, Stein und Kernobst, auch wird Flachs und Baumwoll allhier gesponnen, wie auch Leinewand und Bomesin gewürckt, welche nach Augspurg und Burtenbach verhandelt werden. Die hohe Gerichtsbarkeit ist Kaÿs[erlich] Königl[ich] Burgauisch, die niedere gehört dem Baron von Freÿberg." Das altertümlich wirkende Schloss ist jünger, als man vielleicht denkt. Im Handbuch der deutschen Kunstdenkmäler ist kurz und knapp vermerkt: „Seit 1524 im Besitz der Freiherren von Freyberg ... 1859 in neugotischen Formen nach Georg von Stengel verändert."

St. Nikolaus im Abendlicht: Die Dreiergruppe der Fenster betont die Ausladung des Mittelteils und die Ovalform des Langhauses.

Hammerstetten

Ein Schatzkästchen auf dem Burgberg

Sanftes Pastell, zartes Gold, umgeben von Weiß umfängt den staunenden Besucher in der „kleinen Wies" von Hammerstetten. Das markante Kirchlein, nur zwei Kilometer nördlich des Klosters Wettenhausen exponiert auf dem früheren Burgberg des Örtchens gelegen, gilt als „Schatzkästchen" unter den vielen herausragenden Bauwerken im Schwäbischen Barockwinkel.

Der Platz ist wohl gewählt: Bereits 1439 wurde auf dem ehemaligen Burgberg eine Kapelle errichtet. 1720 ersetzt eine kleine Nikolauskirche, vermutlich von *Simpert Kraemer*, den Vorgängerbau. 1762/63 dann erhielt das Kirchlein sein heutiges Aussehen: Die kleine Nikolauskirche wurde umgestaltet und als Chor an ein neues Langhaus angebaut. Entstanden ist ein Meisterstück, bei dem der Wettenhauser Baumeister *Joseph Dossenberger* Hand in Hand mit dem berühmten Rokokomaler *Johann Baptist Enderle* gearbeitet hat, der hier im Langhaus der Kirche das großartige Fresko „Die Verehrung des Hl. Nikolaus durch Propst Augustin Bauhof" schuf.

AUF DEM HOCHALTAR erscheint Maria mit dem Jesuskind und dem heiligen Bischof Nikolaus, dem auch das Deckengemälde im Chor gewidmet ist. Der erste Seitenaltar rechts zeigt St. Leonhard und einen Leonhardiritt um Hammerstetten herum. Beim dazugehörigen Wettritt vom Nußlacherhof bis zur Mühle wird dem letzten Reiter zur Beschämung ein Dornbüschle überreicht. Im Hauptbild des Langhauses, das als eines der besten Werke *Johann Baptist Enderles* gilt, hat sich dieser als dritter von rechts inmitten der Mitglieder des Wettenhauser Konvents selbst porträtiert. Die sind mit dem Bauherren Hammerstettens, Propst Augustin Bauhof von Wettenhausen, angetreten, um mittels Spruchband das Kirchlein dem heiligen Nikolaus und dem heiligen Augustinus zu übergeben.

Harthausen

Ein Schloss spielerischer Lebendigkeit

Ein eher ungewöhnliches Wappentier findet sich im Wappen der Gemeinde Rettenbach bei Günzburg: Der Eselskopf ist eine Reminiszenz an das Adelsgeschlecht der Familie Riedheim, die sich 1347 in Remshart, einem heutigen Ortsteil von Rettenbach, niederließ. Deren Stammwappen zeigt in Silber einen steigenden Esel, der auch an prominenter Stelle am Harthauser Schloss zu finden ist. Über der Toreinfahrt an der Ostseite enthält ein in den fließenden Formen des Rokoko stuckierter Zierrahmen mehrere Wappen. In der Mitte das Wappen derer von Riedheim, seitlich davon gruppierte der Meister Ignaz Finsterwalder die Wappenbilder der Adelsfamilien Hornstein, Stauffenberg, Giel und Freyberg, der vier Ehefrauen des Auftraggebers Johann Alexander Freiherr von Riedheim. Darunter nennt ein Inschriftenband in lateinischer Sprache das Jahr der Schlosserneuerung: „anno 1763“.

Bereits 1567 erwarb Egolf von Riedheim Schloss Harthausen, das sich seither bis heute in Familienbesitz befindet und dem unter den barocken Profanbauten im Schwäbischen Barockwinkel

Die Ostseite des Schlosses Harthausen ist gleichzeitig die Schauseite mit prachtvoller Fassade und Stuckwappen über der Toreinfahrt. Vorige Seite: Abendstimmung am Schloss

besondere Bedeutung zukommt. Seine Geschichte reicht bis weit ins hohe Mittelalter zurück, auch wenn davon heute nichts mehr zu sehen ist. Quellen berichten, dass „der älteste Teil der Südflügel ist, in dem ein spätgotischer Kernbau aus der Zeit um 1450 steckt, während der Nordflügel mit seinen vier runden Ecktürmen aus der Zeit um 1560 stammt. Beide Gebäude waren durch einen ursprünglich ebenerdigen, Anfang des 17. Jahrhunderts auf drei Geschossen erhöhten Gang verbunden". 1760 gelang es dem Freiherrn Johann Alexander von Riedheim nun, beide Gebäude miteinander zu verbinden und aus zwei einzeln stehenden Altbauten eine vollkommen neue Einheit zu gestalten: Er engagierte wohl den Eichstätter Hofbaumeister Maurizio Pedetti. Pedetti, ein aus der Provinz Como stammender italienischer Architekt und seit 1750 Hofbaumeister der Fürstbischöfe in Eichstätt, lieferte wohl die Vorentwürfe. Die Ausführung und Dekorationsarbeiten allerdings stammen vom bischöflich-augsburgischen Hofbaumeister Franz Xaver Kleinhans.

DIE SCHAUSEITE DES SCHLOSSES ist der östliche Flügel. In einer leichten Hanglage zeigt die Fassade ihre lebhafte, aber ausgewogene Gliederung deutlich. Horizontale Fensterbänder in den beiden äußeren Flügelteilen, vertikale im verbindenden Mittelteil, ergänzt um Verzierungen über und unter den Fenstern des Schlosses, gliedern das Gebäude aufs Schönste und geben der Fassade eine spielerische Lebendigkeit, die über zahlreiche Details noch verstärkt wird. Der mittlere Gebäudeteil springt leicht aus der Gebäudefront hervor und wird bekrönt von einem kleinen Giebel, der sich in das rote Dach streckt und zur Eleganz der Erscheinung das Seine beiträgt. Links und rechts dagegen ragen dreigeschossige Blendgiebel bis auf Höhe des Dachfirsts und verstärken den Eindruck schwingender Flügel. Über Eck gestellte Erker an allen vier Seiten des Harthauser Schlosses schaffen eine elegante Verbindung über die Ecken. Kupferne Drachenköpfe schauen frech aus der Fassade hervor und speien nicht Feuer, sondern Wasser: Ihnen kommt die Aufgabe zu, Regenwasser vom Gebäude abzuleiten.

EIN EHRENHOF im Mittelteil und – wie Kenner feststellen – die „kühne Anlage des vorgelagerten Remiseteils" sind Ausdruck der Entstehungszeit des Harthauser Schlosses, in der höfische Repräsentation ein wesentliches Element war. Dass Schloss Harthausen sich bis heute in einem solch schönen Zustand präsentiert, ist nicht selbstverständlich und der Tatsache zu verdanken, dass seit dem Erwerb von Schloss und Dorf durch Eglof von Riedheim 1567 bis heute seine Nachfahren dort ansässig sind – und sogar zu sommerlichen Konzerten in den Schlosspark laden.

Das „älteste Christkind der Welt": Locker im Schneidersitz, eine Hand an der Fußsohle, einen Finger im Mund – so bewegt und kindlich dargestellt scheint die Figur aus dem 14. Jahrhundert völlig aus der Zeit gefallen.

DAS SCHWÄBISCHE KRIPPENPARADIES UND DAS ÄLTESTE CHRISTKIND DER WELT IM MINDELHEIMER KRIPPENMUSEUM

In der mittelschwäbischen Hauskrippe steht die kleine, holzgeschnitzte Figur des Jesuskinds im Mittelpunkt. Um Jesus in der Krippe jedoch gibt es die unterschiedlichsten, hervorragend gemachten Krippenlandschaften, die von einer Vielzahl privater, kirchlicher und institutioneller Krippenfreunde gepflegt werden: Zu Recht gilt der Landkreis Günzburg als „Schwäbisches Krippenparadies". Zwischen Advent und Mariä Lichtmess zeigt er mit der Edelstetter Barockkrippe parallel zu biblischen Themen ein Stück Lebenskultur des späten Barockzeitalters als auch 250 Jahre Krippenbau. Im Mindelheimer Krippenmuseum ist das „älteste Christkind der Welt zu sehen" – es stammt aus dem 14. Jahrhundert.

Hochwang

Heilig Kreuz, ein Erstling Dossenbergers

Von Norden her bietet sich ein freier Blick auf die Pfarrkirche Heilig Kreuz, die seit Ende des 14. Jahrhunderts das Zentrum des kleinen Pfarrdorfs Hochwang bildet. Bereits 1381 wurde der Kirchenbau urkundlich erwähnt. Wolf von Waltkirch schenkte „seinen kleinen Zehnten zu Feld u. Dorf zu Hohenwang zu dem heilgen crütz gen Hohenwang an die meß". Herzog Albrecht von Österreich bestätigte den Besitz dieses Zehnten der Kirche des „hl. Creutzs zu Hohenwang … daß er wirklich dabei bleib, einem Pfarrer daselbst zu nutz" – das 1129 erstmals erwähnte Pfarrdorf hatte damals also bereits einen Pfarrer.

Über das Alter und den Bau der gotischen Vorgängerkirche ist nur wenig bekannt. Es wird vermutet, dass die Entstehung der Kirche auf eine Schenkung durch einen reichen Adeligen zurückgeht. Die Heilig-Kreuz-Kirche in ihrer heutigen Form gilt dagegen als erster gesicherter Kirchenbau *Joseph Dossenbergers* als Architekt und Baumeister. Der Grundriss und die gotischen Grundmauern des Turms, des Langhauses und des Chors blieben weitgehend bestehen. Bei einer späteren Außenrenovierung wurden die 1751 zugemauerten Teile der alten Fenster deutlich sichtbar, was bewies, dass *Dossenberger* den gotischen Bau verändert hat, ohne ihn vollständig abzubrechen.

Bis heute schlagen im Kirchturm die originalen Glocken, die aus der Zeit der Gotik aus den Jahren 1300 und 1430 stammen. Beide Glocken wurden 1930 und wiederum 2001 restauriert. Das Innere der Kirche glänzt durch die verspielte Rokoko-Ausstattung, bei der sich *Joseph Dossenberger* an den Sakralbauten *Dominikus Zimmermanns* wie der Günzburger Frauenkirche orientierte. Durch große Fenster in Chorraum und Langhaus fällt besonders viel Licht in den Innenraum und lässt die ornamentreiche, farbenfrohe Rokokopracht erstrahlen. Dem Namen „Heilig Kreuz" entsprechend, fokussiert der Freskenzyklus besonders das Leiden und Sterben Jesu am Kreuz. Das Hauptfresko wurde 1902 und 1975 erneuert, alle weiteren Medaillons sind Originale von *Johann Baptist Enderle*.

Blick auf den Hochwanger Kirchturm, in dem noch die originalen Glocken aus 1300 und 1430 schlagen

Holzwinkel

Dürrlauingen, Waldkirch, Eichenhofen

DÜRRLAUINGEN liegt am westlichen Rand des sogenannten „Holzwinkels", der seinen Namen aufgrund seiner waldreichen Topografie mit hohem Baumbestand trägt. Als eines der schönen barocken Gotteshäuser der Region wurde St. Nikolaus von Josef Bichlmayer ab 1768 errichtet. Der aus Lauingen stammende Johann Anwander (1715–1770) signierte 1769 nach Abschluss seiner Arbeiten die malerische Ausstattung der Raumschale. Die Fresken zeigen die Verherrlichung des heiligen Nikolaus und im Chor den heiligen Veit. Die großartigen Deckenbilder gelten für die Zeit als sehr fortschrittlich und bereits dem Frühklassizismus nahe, wozu auch die antikische, mythologische Themenauswahl beiträgt.

WALDKIRCH besitzt römische Wurzeln. Archäologische Funde im Ort und in der Umgebung zeugen davon, dass hier schon sehr lange gesiedelt wurde, auch wenn über die Zeit des Altertums und des Mittelalters am Ort kaum etwas bekannt ist. Die Geschichte Waldkirchs ist seit der Zeit um 1300 durch wechselnde Herrschaften belegt. Die Kirche „Unsere Liebe Frau von Waldkirch", die 1745 durch einen Neubau ersetzt wurde, ist seither Mariä Schmerzen geweiht. *Joseph Dossenberger* errichtete das neue Gotteshaus, dessen Deckenfresken von *Anton Enderle* aus Günzburg geschaffen wurden. Dabei zeigt *Enderle* mit der Beschneidung Jesu, der Flucht nach Ägypten, dem zwölfjährigen Jesus im Tempel, der Kreuztragung, der Kreuzigung, der Kreuzabnahme und der Grablegung mit der Beweinung Christi die Sieben Schmerzen Mariens. Die Decke des Langhauses ist der Verherrlichung der Himmelskönigin durch die vier Erdteile vorbehalten.

EICHENHOFEN, der kleine Ortsteil von Haldenwang, gilt als Holzwinkel der ersten Stunde. Augsburgs Bischof Heinrich „erfand" den Holzwinkel, indem er verwinkelte Schneisen in das zusammenhängende Waldgebiet schlagen ließ. Von diesen Lichtungen aus schuf er kleine Inseln der Besiedelung – so auch Eichenhofen, wo das Augsburger Domkapitel bereits um 1100 einen kleinen Hof besaß. Um das Baujahr der Kapelle St. Maria Magdalena im Jahr 1748 herum hat der Weiler „13 Feuerstätten". 1761 pilgern am 22. Juli weit mehr als 1.000 Menschen zu der von einer Friedhofsmauer umgebenen Kapelle, die aufgrund ihrer Alleinlage außerhalb des Ortes noch heute einen stimmungsvollen Blickfang bietet.

ANGERDÖRFER IM HOLZWINKEL

In Bayerisch-Schwaben selten anzutreffen sind „Angerdörfer", eine besondere Siedlungsform, die im Mittelalter entstanden ist. So auch in Rechbergreuthen und dem benachbarten Baiershofen. Dieses Straßendorf wurde 1350 als planmäßige Rodungssiedlung gegründet, die vom Kloster Fultenbach ausging. Um den grünen, unbebauten Dorfinnenraum (= Anger) wurden 21 Hofstellen angelegt – elf nördlich und zehn südlich des Angers. Der Begriff „Anger" leitet sich vom althochdeutschen „angar" ab, was Weide oder Grasplatz bedeutet. Ein Dorfbrief Baierhofens vom 24. Februar 1350 berichtet, dass jedem der 21 Lehen 51 Jauchert an Flächen zugeteilt war (ein Jauchert entsprach einem halben Hektar). Originale Pläne, mit denen die Obristwachtmeister Johann Lambert Kolleffel zwischen 1749 und 1753 die Orte der Markgrafschaft Burgau handgezeichnet hat, befinden sich heute im Kriegsarchiv in Wien.

Sehenswert in der Pfarrkirche St. Leonhard (Foto links unten) auf dem Dorfanger sind Deckenfresken und Wandbilder, die der spätere Erbauer der weltberühmten Wieskirche *Dominikus Zimmermann* (1685–1766) in der ersten Hälfte des 18. Jahrhunderts geschaffen hat.

Ähnlich wie in Baiershofen verlief die frühe Geschichte von Rechbergreuthen wohl in der Zeit um 1300. Siedlungswillige scharten sich um einen Rodungsmeister, der vom Marschalken von Rechberg beauftragt war, die Rodungsarbeiten im Wald zu leiten. Die neue Siedlung ist erstmals in einer Urkunde des Klosters Fultenbach 1346 genannt und wurde später erweitert: Weil der Ertrag der Felder in Rechbergreuthen (Fotos unten: Dorfanger mit Kirche St. Nikolaus) nicht ausreichte, wurde weiterer Wald gerodet, in Streifen geteilt und den Siedlern übergeben.

Linke Seite: Blick auf die Pfarrkiche Mariä Schmerzen im Holzwinkel. Oben: Pfarrhof in Waldkirch, Kircheninneres und Fenster der Kirche

Nächste Seite: Die Kapelle St. Maria Magdalena mit Kreuzigungsgruppe liegt umgeben von einer Friedhofsmauer am Ortsrand von Eichenhofen.

Holzen

Kloster und Wallfahrtsort am Lechrain

Marquard von Donnersberg hieß der Gründer, der um das Jahr 1150 an der westlichen Kante des unteren Lechs ein Doppelkloster bauen ließ. Dabei handelte es sich um die bauliche, rechtliche und wirtschaftliche Verbindung eines Frauen- und eines Männerkonvents unter einheitlicher Leitung, wobei die männlichen und die weiblichen Kommunitäten voneinander getrennt waren. Bereits 1153 bestätigte Papst Eugen III. ein Nonnenkloster „am Neuwasser", einem Nebenarm der Schmutter, die hier parallel zum Lech Richtung Donau fließt. Offenbar ein schwieriger Standort, denn noch im 12. Jahrhundert wurde das Kloster an den Waldrand des westlichen Schmutterufers „zum Holz" auf die halbe Berghöhe verlegt und fortan Kloster Holzen genannt.

Auch dieser Standort wurde nach bewegter Geschichte aufgegeben. Nach Vergrößerung des benediktinischen Frauenkonvents, der Auflösung des Männerordens 1470, schweren Zerstörungen im Bauernkrieg 1525 und im Schmalkaldischen Krieg 1546/47 wurden Kloster und Kirche 1558/59 neu erbaut und 1617 zur Abtei erhoben. 1632 flüchteten die Benediktinerinnen vor den Schweden, die ins Land einfielen, und kamen erst 1647 wieder nach Holzen zurück, das einem so starken Verfall ausgesetzt war, dass Ende des 17. Jahrhunderts nochmals eine neue Anlage geplant und die alte Klosteranlage abgebrochen wurde.

Der Vorarlberger Barockbaumeister Franz Beer schuf von 1696 bis 1704 unter Beteiligung des viel beschäftigten Ottobeurer Paters Christoph Vogt als Bauleiter die ganz im barocken Sinne auf Fernwirkung bedachte neue Klosterkirche nun oben auf der Hangkante, dem Karlsberg. Bis heute ragen die mäßig hohen Türme aus den Baumwipfeln am Lechrain hervor und machen auf die ehemalige Benediktinerinnenabtei Holzen neugierig: 1704 wurde die Klosterkirche fertiggestellt, 1710 geweiht.

DIE BENEDIKTINERINNENABTEI Kloster Holzen gehörte zwar nicht zu den größten, jedoch zu den ersten Klosteranlagen, die symmetrisch angelegt waren. Die dreigeschossigen Konventsgebäude und die Westwand der Abteikirche umschließen einen Hof von exakt 35 Metern im Quadrat. Den Konventsgebäuden und der Kirche vorgelagert sind ein Torhaus, von Ecktürmen und Mauern umschlossene Klostergärten und Wirtschaftsgebäude, die heute

Der Altar der Vierzehn Nothelfer (seit 1740 Wallfahrtsaltar) mit einer Marienfigur im Zentrum, darunter Jesusfigur (siehe Seite 97)

das Hotel Kloster Holzen, den Klostergasthof und einen Biergarten wie auch Tagungs- und Seminarräume umfassen.

DIE KLOSTERKIRCHE ST. JOHANNES DER TÄUFER HOLZEN zeigt als ehemalige Abteikirche noch viel von ihrer ursprünglichen Pracht. Vor allem der imposante Hochaltar mit dem Gemälde „Taufe Christi" von Johann Georg Melchior Schmidtner (von 1672 aus der Vorgängerkirche übernommen) und die beiden Seitenaltäre mit reich bestückten Figuren und Büsten stechen aus den insgesamt acht Altären im Kirchenraum hervor. Die Figuren- und Büstenaltäre wurden vom Augsburger Holzschnitzer und Stuckateur Ehrgott Bernhard Bendl (um 1660–1738) gearbeitet. Die prachtvolle Kanzel steht durch ihre dezent farbige Ausführung bewusst im Gegensatz zum reich in Weiß stuckatiert gehaltenen Kircheninnenraum.

DIE WALLFAHRT ZUM GÖTTLICHEN KIND, einer wundertätigen Jesusfigur in kostbaren Gewändern, war in Holzen seit 1740 berühmt, und noch heute ist die kleine Figur unter einem Marienaltar umgeben von Votivtafeln. Nach der Säkularisation 1802 fiel Kloster Holzen gemeinsam mit dem Augustiner Chorherren-Stift Beuron in den Besitz der Fürsten von Hohenzollern-Sigmaringen. Die Benediktinerinnen durften jedoch weiter im Kloster wohnen. Nach einem neuerlichen Besitzerwechsel 1813 an die Grafen Treuberg und späteren wirtschaftlichen Schwierigkeiten der Adelsfamilie, die verbunden waren mit dem schmerzlichen Ausverkauf der wertvollen Ausstattung, ging die Anlage 1927 an die St. Josefskongregation von Ursberg. Seither dient Kloster Holzen als Einrichtung für Menschen mit Behinderungen. Seit 1996 ist das Dominikus-Ringeisen-Werk als eigenständige kirchliche Stiftung Träger der Einrichtung.

Blick auf Kanzel, Seitenaltäre und Hochaltar der Kirche in Holzen. Unter dem Wallfahrtsaltar eine in kostbare Gewänder gekleidete Jesusfigur, entstanden um 1620/30. Daneben Votivtafeln der Wallfahrt (unten)

Ichenhausen

Drei Schlösser und eine ehemalige Synagoge

Das Zentrum Ichenhausens mit dem ungewöhnlichen Kirchturm von St. Johannes Baptist: 1964 stürzte der Turm ein, zerstörte den Chor und wurde in seiner jetzigen Form im Stile der 1960er Jahre wieder aufgebaut.

Brauerei

Biergarten

Spaziergang durch Ichenhausen: Storchenbrunnen vor dem Schulmuseum, daneben Oberes Schloss (heute Rathaus), Fachwerkgasthof Adler und St. Johannes Baptist und geschwungene Fassadenform am Gasthof Hirsch. Oben: Platz um den Kriegergedächtnisbrunnen

Der Charme Ichenhausens erschließt sich für Besucher der Stadt oft erst auf den zweiten Blick. Der jedoch bietet viel Sehens- und Erwähnenswertes. So ist es eher ungewöhnlich, dass eine Kleinstadt mit nicht einmal 10.000 Einwohnern gleich mit drei Schlössern aufwarten kann. So ist das Untere Schloss, in dem mit dem Bayerischen Schulmuseum ein Zweigmuseum des Bayerischen Nationalmuseums untergebracht ist, eines der herausragenden Zeugnisse profaner barocker Baukunst im Schwäbischen Barockwinkel. Dass es mit dem Oberen Schloss wenige hundert Meter weiter ein zweites bemerkenswertes Herrschaftsgebäude gibt, hat folgende Geschichte: 1657 teilten die Brüder Johann Andreas und Johann Joachim von Stain den Markt in zwei Herrschaften (Oberschloss und Unterschloss), ein Umstand, der erst nach mehr als 125 Jahren später wieder aufgehoben wurde. Die Familie von Stain aus Niederstotzingen blieb bis Mitte des 19. Jahrhunderts im Besitz des Marktfleckens, obwohl der bis 1805 zur österreichischen Markgrafschaft Burgau gehörende Ort zwischenzeitlich bayerisch geworden war.

1697 ERFOLGTE DER ABRISS einer mittelalterlichen Burganlage mit Burghügel und tiefen Gräben – und Bauleute rückten an, um an der Stelle der früheren Burganlage ein stattliches Gebäude mit drei Geschossen, Satteldach und dreifach gestuften Schweifgiebeln zu bauen, das über seinen Fenstern mit Dreiecks- und Segmentprofilen verziert ist (Unteres Schloss). Eine steinerne Wappentafel über dem Portal weist Franz Marquard von Stain im Allianzwappen mit seiner Frau Maria von Freyberg als Erbauer des Unteren Schlosses aus, dessen Festsaal mit reichlich Laubkränzen, Blumengirlanden, Blattwerk und Akanthusranken, der römischen Jagdgöttin Diana und allegorischen Reliefs aus Stuckwerk im Wessobrunner Stil geschmückt ist. Mit seiner Pracht und seiner geschichtlichen Bedeutung überragt das Untere Schloss seinen südlichen Rivalen bei weitem. Das dortige Obere Schloss wurde 1566 von Hans Friedrich von Roth erbaut, an dessen Vater Berchtold von Roth, Ritter und Kaiserlich Römischer Rat und Forstmeister der Markgrafschaft Burgau, ein Sandsteinepitaph an der Pfarrkirche erinnert.

Die beiden haubengekrönten Erker des Oberen Schlosses zur Hauptstraße hin verleihen dem Bau eigentlich erst den Schlosscharakter. Seit 1927 befindet sich das Rathaus Ichenhausens in dem schmucken Gebäude, das sich durch die schöne Putzgliederung und die hervorspringenden Erker aus den Häusern der Nachbarschaft herauslöst.

DIE EHEMALIGE SYNAGOGE in der Vorderen Ostergasse ist sichtbare Erinnerung an die bedeutende Rolle der jüdischen Gemeinde. Um 1600 sind in Ichenhausen 20 jüdische Familien benannt, 1811 zählte der Markt 893 Juden. Die jüdische Siedlung lag östlich der damaligen Stadtmauer an der heutigen Ostergasse, wo 1687 eine Synagoge errichtet wurde, die 1781 *Joseph Dossenberger* neu erbaute. 1852 und 1896 erfolgten stilistische Neugestaltungen, die von der spätbarocken Ausstattung nichts übrig ließen. In der 1938 von den Nationalsozialisten geschändeten und demolierten Synagoge befindet sich seit der umfangreichen Sanierung Mitte der 1980er Jahre das Haus der Begegnung, in der die Dauerausstellung „Juden auf dem Lande – Beispiel Ichenhausen“ die Geschichte der ehemals größten jüdischen Landgemeinde Bayerns nachzeichnet. Auf dem jüdischen Friedhof am südlichen Stadtrand Ichenhausens sind rund 800 Grabsteine vorhanden. Der Friedhof ist jedoch von einer Mauer umgeben und nicht öffentlich zugänglich.

FACHWERKHÄUSER wie das 1701 erbaute Gasthaus Adler an der Hauptstraße oder das ehemalige Vogthaus am Schlossplatz aus dem Jahr 1680 gegenüber dem Unteren Schloss sind bedeutende Baudenkmäler aus der Zeit vor dem schwäbischen Barock.

Im Unteren Schloss mit schöner Barockfassade ist das Bayerische Schulmuseum untergebracht.

Rechte Seite von oben nach unten:
Fachwerk auch gegenüber des Schulmuseums: Roßkammhaus
Grabreihe auf dem jüdischen Friedhof Ichenhausen
Blick in die ehemalige Synagoge

Nächste Doppelseite:
Das Untere Schloss ist eines der schönsten profanen Bauwerke, das aus der Epoche des Barock stammt. Über einen Gang im ersten Obergeschoss ist es mit den angrenzenden Gebäuden verbunden, wo ebenfalls Exponate des Bayerischen Schulmuseums gezeigt werden.

DAS BAROCKENSEMBLE um die Autenrieder Kirche St. Stephan entstand in nur wenigen Jahren. 1708 wurde begonnen, das Gotteshaus zu bauen. Fast gegenüber ließen fast gleichzeitig neun Maurer, zwei Mörtelrührer und ein Polier das Schloss entstehen, einen repräsentativen Bau für den Schlossherrn, der über die Ortschaften Anhofen, Großkissendorf, Oxenbronn und Rieden die Grundherrschaft unter Burgauischer Landeshoheit ausübte. Die eindrucksvolle Zahl von 268.519 Ziegelsteinen ist dokumentiert, die für den repräsentativen, dreigeschossigen Schlossbau innerhalb eines halben Jahres im eigens eingerichteten Ziegelofen gebrannt und verbaut wurden – noch bevor am Rande Autenrieds 1716 die Gründung einer Ziegelei zur weiteren wirtschaftlichen Prosperität des kleinen Ortes beitrug, der bereits seit 1650 auch Braustätte ist. 1735 wurde die Kirche um den Pfarrhof ergänzt.

KIRCHE UND SCHLOSS wurden vom selben Architekten geplant, Johann Georg Reiner aus Ichenhausen, der nach dem Abriss des früheren Herrensitzes eine Anlage mit Residenzcharakter schuf. 1771 ging der Besitz des sogenannten Hohen Schlosses von den Freiherren von der Halden – Josef Anton Eusebius von der Halden war Bauherr der Anlage – auf die Herren von Lasser und später die von Lassbergs über, welche die Fassade im klassizistischen Stil ihrer heutigen Ansicht verändern ließen. 1959 erwarb die Orthodoxe Kirche von Deutschland das Anwesen und richtete die unteren Räume als Museum für ostkirchliche Kunst der Sammlung des Slavischen Instituts München e.V. ein. Der Museumsbestand reicht vom Frühchristentum bis zur Gegenwart, mit dem Hauptgewicht auf das 16., 17., 18. und 19. Jahrhundert. Unter den Ikonen stammen die meisten Gegenstände aus dem Zarenreich und dem byzantinisch-griechischen Raum, darunter Kunstwerke von internationalem Rang. Das Ikonenmuseum Autenried ist sonn- und feiertags geöffnet. Gegenüber liegt im „Niederen Schloss“ der Brauereigasthof Autenried mit Hotel, Gastronomie und sommerlichem Biergartenbetrieb.

Schloss Autenried ist Ziel von Hochzeitern und Oldtimerfreunden (oben die Seitenfront), unten der Schlossparkweiher und die Schauseite mit klassizistischem Giebel nach Osten. Linke Seite: St. Stephan und Pfarrhof

Illertissen

Vöhlinschloss und St. Martin

Weithin sichtbar über dem Illertal und der Stadt ist das Schloss mit seiner markanten Silhouette das Erkennungszeichen Illertissens. Bereits im 12. und 13. Jahrhundert bauten die Grafen von Kirchberg auf der östlichen Anhöhe über dem damaligen Dorf ihre Burg Tissen. Der Name des Dorfes und der Burg leitet sich ab vom frühen Ortsnamen „Tussa“, der im Germanischen eine Siedlung an der Stelle bezeichnet, wo der Fluss anschwillt. Bereits um das Jahr 500 ist eine erste Besiedelung nachzuweisen, die erste urkundliche Erwähnung Tissens ist im Jahr 954 datiert.

Im 15. Jahrhundert blühten in Illertissen Handel und Handwerk auf, nachdem die Herrschaft von Kirchberg das Marktrecht und hohe Gerichtsbarkeit von König Sigismund erlangt hatte. Im Jahr 1520 kaufte Erhard II. Vöhlin von Frickenhausen Burg und Herrschaft Illertissen. Er stammte aus der erfolgreichen Memminger Kaufmannsfamilie Vöhlin und wollte mit dem herrschaftlichen Sitz die Erhebung der Familie in den Adelsstand unterstreichen. Anstelle der bisherigen Burg ließ er in nur drei Jahren Bauzeit das Vordere Schloss mit

Das Illertisser Vöhlinschloss thront über der Stadt. Ab 1705 erhielten die Gebäude mit dem markanten Torturm und Innenhof ihre heutige Gestalt.

Baron Johann Joseph d. J. Vöhlin ließ 1751 die Schlosskapelle in Illertissen umbauen. Kaspar Radmiller werden die Stuckarbeiten zugeschrieben. Franz Martin Kuen signierte im selben Jahr die im Stile des Rokoko geschaffenen Fresken. Über der Empore hat sich Kuen selbst porträtiert – in der Szene zeigt er dem Baron Vöhlin das Deckenfresko.

Der Ursprung der Pfarrei St. Martin in Illertissen reicht ins frühe Mittelalter zurück. Aus dieser Zeit ist nur noch der Unterbau des Kirchturms erhalten. Die Ausstattung der Kirche erfolgte im 17. und 18. Jahrhundert.

seinem mächtigen Turm errichten, nach dem Bauernkrieg wird 1525/26 auch das Hintere Schloss erbaut. 1595 wird umgebaut. Dabei bekommt der Torturm seine achteckige Form und eine Haube aus Kupfer. Auch im Dreißigjährigen Krieg (1618–1648) gelingt es der Familie Vöhlin, das Schloss über schwierige Zeiten zu retten. Ab 1705 erhält das Schloss sein heutiges Aussehen. Eine Zugbrücke muss einer Steinbrücke weichen, ein Wehrturm wird durch einen barocken Flügel mit Festsaal ersetzt. Auch das Hintere Schloss wird dem Stil des Barock angepasst, Meister *Franz Martin Kuen* malt 1751 in schwungvoll-pastellenen Tönen die kurz zuvor im Rokokostil erbaute Schlosskapelle aus. Sich selbst hat der selbstbewusste Maler neben dem Auftraggeber Baron Johann Joseph d. J. Vöhlin über der Empore dargestellt.

CHRISTOPH RODT heißt ein anderer Meister, dessen frühes Hauptwerk in der Illertisser Kirche *St. Martin,* der Grablege der Familie Vöhlin, zu bestaunen ist. Der Bildhauer, der als entscheidender Wegbereiter des bayerischen Frühbarocks gilt, schuf 1604 den prächtigen, dreigeschossigen Altar mit einer Höhe von zehn Metern. Eindrucksvoll sind die detailreichen, kraftvoll gestalteten Figuren wie die des Gottvaters, dessen stürmisch bewegter Bart der Szene eine vehemente Dynamik verleiht. Die Marienkrönung im Zentrum der Szenerie ist umgeben mit Figuren der vier Evangelisten und der Apostelfürsten Petrus und Paulus wie auch anderer lebhaft inszenierter Figurengruppen wie die des Erzengels Michael, der im obersten Bereich des Altars im Kampf mit dem Teufel steckt.

Der Hochaltar in St. Martin ist der einzige noch vollständig erhaltene Christoph Rodts. Oben die Krönung Mariens, unten der Kampf des Erzengels Michael mit dem Teufel. Mitte: Ausschnitt aus dem Deckenfresko „Glorie des Heiligen" (Kirchenpatron St. Martin) von Augustin Müller-Warth (1864–1944) aus dem Jahr 1894

Jettingen-Scheppach

Bewegte Geschichte eines Doppelorts

Über die Hangkante zwischen Jettingen und Eberstall spitzt der Kirchturm von St. Martin hervor. Im Hintergrund ist die Silhouette der Stadt Burgau mit Pfarrkirche und dem benachbarten Schloss zu erkennen.

ALLERHEILIGEN ist die bekannteste Kirche in der Gemeinde Jettingen-Scheppach. Mit ihrer Alleinlage, waldumgeben thronend auf dem Heiligenberg zwei Kilometer östlich von Scheppach, war die Wallfahrt bereits 1395 früh erwähnt. So wundert es nicht, dass die Pfarrkirche in Scheppach immer im Schatten der Wallfahrtskirche Allerheiligen lag, obwohl die stattliche Barockkirche selbst auf dem Kirchberg im Ort eine beherrschende Lage einnimmt und die Dächer des Ortes und das Mindeltal überragt.

Die Scheppacher Pfarrkirche Mariä Himmelfahrt erhielt im ausgehenden Barock des Jahres 1779 ihre Weihe. Vorausgegangen waren lange Jahre des Wartens. 1750 übernahm der Günzburger Hofkaplan Franz Jann die Pfarrei in Scheppach und fand eine kleine, baufällige gotische Kirche vor. Vier Jahre später reichten der Pfarrer und die Gemeinde, die damals mit dem Dorf Haldenwang 858 Seelen zählte, den Bauantrag für den Neubau der Kirche ein. *Joseph Dossenberger,* der bereits Stiftsbaumeister des Augustinerklosters Wettenhausen war und vor Beginn des Scheppacher Kirchenbaus qualitätsvolle Kirchen in Hammerstetten und Deisenhausen baute, erstellte die Pläne und die Kalkulation für die neue Kirche. 4400 Gulden veranschlagte er für den Bau, 150 Gulden dazu für die Stuckarbeit – Geld, das in der nun deutlich größeren Kirche gut angelegt war.

Pfarrer Jann beauftragte seinen Vetter, den Weißenhorner *Franz Martin Kuen,* mit der umfangreichen Malerei der Fresken und Altarbilder. Der begnadete Maler schuf in Scheppach zwei Jahre vor seinem Tod zum Spottpreis von 370 Gulden eines seiner reifsten Werke. Im Hauptdeckenbild des Langhauses zeigt *Kuen* die Verehrung des Altarsakraments durch die Habsburger, die auch über Scheppach regierten. In einem zweiten Motiv bietet der Begründer der Dynastie, Rudolf von Habsburg, einem Priester, der den Hostienkelch trägt, sein Pferd zum Durchschreiten eines Wildbachs an, und Kaiser Maximilian findet in der Martinswand bei Zirl Rettung aus der Bergnot. Auch Pfarrer Jann wurde von seinem Cousin verewigt: Auf einem Fresko über

Kühne Formen und die Kirche St. Martin in Jettingen: Der barocke Turm stammt aus dem frühen 18. Jahrhundert, das Langhaus und die markante Einfassung aus dem 20. Jahrhundert.

Der etwas kühl wirkende Stil des Frühklassizismus beruhigt im Entstehungsjahr 1769 im Langhaus die Formensprache der Scheppacher Pfarrkirche.

dem Chor bittet der Scheppacher Pfarrer für seine Gemeinde um Fürsprache der Heiligen beim Dreieinigen Gott. Auffällig ist der Kirchturm der Scheppacher Pfarrkirche. In der Region, die meist von zwiebelhaubigen Kirchtürmen geprägt ist, ließ Baumeister *Dossenberger* den mächtigen Turm aus spätgotischer Zeit stehen. Unter diesem verbirgt sich eine weitere Kostbarkeit: Im Untergeschoss des Turms im vormaligen Chorraum sind ulmisch-gotische Wandbilder des 15. Jahrhunderts erhalten.

JETTINGEN mit seiner katholischen Pfarrkirche St. Martin (Chor 1470, Turm 1713/15, Langhaus 1966) wird mit seiner Geschichte ab dem 12. Jahrhundert greifbar. Die Edlen von Eberstall beziehen das vermutlich im 6. Jahrhundert durch die Alemannen gegründete Jettingen in ihren Anspruchsbereich ein. Die erste urkundliche Erwähnung Jettingens erfolgt 1030. Im 13. Jahrhundert lösen die Herren von Knöringen und vom Stain die Eberstaller Herrschaft ab und prägen die Geschicke der Orte um Jettingen, bis 1301 die 500-jährige Geschichte der habsburgischen Markgrafschaft Burgau beginnt, in deren Hoheitsgebiet Jettingen, Scheppach und Eberstall fallen. Scheppach gewinnt seine Sonderrolle als vorderösterreichischer Kameralort, der alle Steuern und Abgaben an das Erzhaus abzuliefern hatte, während Jettingen bis 1791 im Besitz des Hochstifts Augsburg blieb. Die Bischöfe von Augsburg gaben Jettingen als Lehen an Vasallen aus, die dem niederen Adel angehörten und sich nach dem Ort benannten, über den sie geboten: die Herren von Üetingen. Später ging Jettingen an die Familien von Stain, die nach brüderlichen Güterteilungen die Linien Stain-Jettingen und Stain-Eberstall begründeten. 1716 erwirbt Johann Albrecht Freiherr Schenk von Stauffenberg im Herrschaftsgebiet von Eberstall gelegene Güter und 1748 schließlich auch Jettingen.

Damit waren alle einstigen Eigentümer und Lehen der Familie von Stain auf die Stauffenbergs übergegangen, die nun auch versuchten, die noch bestehende Lehenshoheit des Bischofs von Augsburg loszuwerden. 1791, in der Endphase des Heiligen Römischen Reichs deutscher Nation, wird auch dieses Ziel erreicht, als Anton Friedrich Hugo von Stauffenberg vom Kaiser in den Grafenstand erhoben wird. Bis in die 80er Jahre des 20. Jahrhunderts hinein behält das Haus Stauffenberg, in dessen Schloss am 15. November 1907 auch der spätere Hitler-Attentäter Claus Schenk Graf von Stauffenberg geboren wird, seinen Sitz in Jettingen und nimmt im gesellschaftlichen Leben der Marktgemeinde eine besondere Stellung ein. Mit dem Tod von Markwart Schenk von Stauffenberg 2000 endet die Präsenz derer von Stauffenberg in Jettingen. Das Schloss und die weitläufigen Wälder und Fluren werden verkauft.

SCHLOSS EBERSTALL, ein Glanzpunkt in der herrschaftlichen Architektur Mittelschwabens, war bis 1983 ebenfalls im Eigentum der Grafen von Stauffenberg, die das Anwesen auf der östlichen Hangkante des Mindeltals zwischen Jettingen und Burtenbach an einen Ulmer Privatmann verkauften. Dieser sanierte mit großem Aufwand den gesamten Komplex, samt Schloss, Kirchlein, Wirtschaftsgebäuden und Gartenanlagen, und bewohnte mit seiner Familie mehr als 20 Jahre Schloss Eberstall.

Die belegte Geschichte des Weilers beginnt im Hochmittelalter, als die Edlen von Eberstall zu den bedeutendsten Adelsgeschlechtern in Schwaben zählten. Vermutlich waren sie nur reichsunmittelbar dem deutschen König bzw. Kaiser zur Treue und Gefolgschaft verpflichtet, wofür die größere Zahl an lehensrechtlichen Dienstmannen in Burtenbach, Ebersbach, Jettingen

und Ebersbach selbst spricht. Zudem waren sie von 1160 bis 1294 Schirmvögte über Kloster Roggenburg und übten im 12. Jahrhundert auch das Schutzrecht über Kloster Wettenhausen aus. In den nächsten Jahrhunderten wechselten durch Raubzüge, Brandschatzungen und Plünderungen die Adelsgeschlechter auf der Herrschaft Eberstall. Es tauchen die Namen der Ritter von Schellenberg, von Knöringen und die Junker von Lichtenau auf, bevor ab 1504 durch den Besitz der Freiherren von Stain, die Eberstall erst 1716 an das Geschlecht Stauffenberg abgaben, Kontinuität einkehrt. Ein Herrensitz in Eberstall wird im frühen 13. Jahrhundert erstmals erwähnt. Um 1602 entsteht das heutige Schloss als stattlicher dreigeschossiger, rechteckiger Bau mit Satteldach und seinen charakteristischen Zinnengiebeln und einem Mittelrisalit mit Schweifgiebeln. Die frühere Schlosskapelle, das Kirchlein St. Anna, entstand im Kern 1603 bis 1605 und ist ein einfacher einschiffiger Bau mit Satteldach und dreiseitig geschlossenem Chor und seitlichem Turm, dessen Spitze eine voluminöse moderne Zwiebelhaube ziert.

Schloss Eberstall mit seinen charakteristischen Zinnengiebeln (links) und die frühere Schlosskapelle St. Anna mit auffälliger Zwiebelhaube.

Kirchheim

Der „schwäbische Escorial“ der Fugger

Zwischen Pfaffenhausen und Kirchheim teilen sich die Mindel und die Kammel ein Tal, über das sich das Fuggerschloss Kirchheim erhebt. Als Herrschaftssitz, Kirche und Kloster folgte der „schwäbische Escorial" seinem berühmten spanischen Vorbild.

DAS FUGGERSCHLOSS KIRCHHEIM hat ein berühmtes Vorbild: Auf dem Höhepunkt ihrer Macht ließen die spanischen Habsburger unter Philipp II. 1584 auf einer kargen Hochebene im Herzen Kastiliens einen Komplex fertigstellen, der zugleich Palast, Kloster, Mausoleum, Museum, Seminar und Bibliothek war, den Escorial. Die Idee griff Hans Fugger auf, als er von 1578 bis 1585 anstelle einer Burg, die sein Vater Anton Fugger mit der Herrschaft Kirchheim 1551 erworben hatte, von Augsburgs Stadtbaumeister Jakob Eschay das neue Schloss Kirchheim errichten ließ. Seither ist das Schloss bis in die heutige Zeit im Privatbesitz der Familie Fugger. Nach dem Bau des Schlosses hat Hans Fugger die um 1490 im spätgotischen Stil errichtete Kirche weitgehend abreißen und zwischen 1580 und 1583 an deren Stelle einen Neubau errichten lassen. Der Turm wurde auf 58 Meter erhöht und die St. Peter und Paul geweihte Kirche im Stile der Renaissance ausgestattet. 1601 stiftete der Sohn des Schlosserbauers, Marcus Fugger, ein Dominikanerkloster. Damit war in Kirchheim die Einheit von Schloss, Kloster und Kirche geschaffen – und der „schwäbische Escorial" war verwirklicht. Der Dominikanerorden stattete die Kirche später im Stile des Barock, der Neugotik und der Neuromanik mehrfach komplett neu aus. Die Seitenaltäre zieren Gemälde zweier bedeutender Meister: Mariä Himmelfahrt von Peter Paul Rubens (1577–1640) und Domenico Zampieri, genannt Domenichino (1581–1641). Herz- und Prachtstück im Schloss ist der 360 Quadratmeter große Zedernsaal mit einer von Wendel Dietrich kunstvoll gestalteten Kassettendecke.

Gelb und blau leuchten die Fensterläden in Kirchheim: die Farben der Linie Fugger von Glött, die Schloss Kirchheim besitzt. Unten: Kirchturm St. Peter und Paul und Blick auf die kunstvoll gearbeitete Kassettendecke im Zedernsaal

Kötz

Zwei Schlösser, zwei Kirchen, zwei Orte

Kötz ist ein eher ungewöhnlicher Name. Woher er sich ableitet, ist nicht ganz klar. Eine Richtung vertritt die Auffassung, dass sich der Name des Ortes aus dem indogermanischen oder römisch-keltischen Wort „Cattja“ ableitet, das so viel wie „Wildkatzengewässer“ bedeutet. Demnach wäre der Ort nach dem Flüsschen benannt worden. Ein zweiter Erklärungsversuch stammt vom Herausgeber des Buches „Lexikon schwäbischer Ortsnamen“, Wolf-Armin Freiherr von Reitzenstein. Er vertritt die Auffassung, dass der Ortsname auf eine römische Villa rustica – das nahe Günzburg ist eine Gründung der Römer – namens Catanium (Landgut des Catius) zurückgeht. Demnach wäre der Gewässername vom Ortsnamen abgeleitet. Wie dem auch sei: Die Pfarrdörfer Großkötz und Kleinkötz gehörten wie auch das Kirchdorf Ebersbach bis 1805 zur österreichischen Markgrafschaft Burgau, bevor die heutigen drei Gemeindeteile von Kötz bayerisch wurden.

DIE KIRCHE ST. PETER UND PAUL IN GROSSKÖTZ liegt erhaben über dem Ort. Etwas unterhalb, auf einem aufgeschütteten Hügel, wurde 1760 ein kleiner Schlossbau von *Joseph Dossenberger* als Sommerpalais der Wettenhauser Pröpste errichtet – in einer Zeit, die für Großkötz entscheidend war. Nach rund 300 Jahren Zugehörigkeit zum Ulmer Patriziergeschlecht der Ehinger als österreichische Lehensträger und Ortsherren wurde Großkötz an das Reichsstift Wettenhausen verpfändet. Deren Pröpste ließen 1764/65 auch die gotische Kirche vollkommen umgestalten. „Architector“ *Joseph Dossenberger* entfaltete von Wettenhausen aus seine breit gefächerte Tätigkeit als Baumeister, Aufseher des Bauwesens in der

NE IN FURORE TUO
SAGITTA SALUTIS
PER
INRI

Kleinkötzer Schloss und Kirche (oben). Großkötzer Schloss, Kirchturm und Fresko (Mitte und unten)

Markgrafschaft Burgau und als Händler für Eisen, Farben und Baumaterialien. Der mächtig aufragende, 38 Meter hohe Turm erhebt sich über den gotisch belassenen Chor und die Langhauswände, die von *Dossenberger* ausgeweitet und erhöht wurden. Der festliche Innenraum aus den Jahren 1764/65 entstand in der Hochzeit des schwäbischen Rokoko – wobei der Großkötzer Kirche der schöne Dreiklang von Architektur, Malerei und Ausstattung fehlt, da harte Eingriffe im 19. Jahrhundert viel von der barocken Einrichtung genommen haben. Erst 1998 reiften Gedanken, den Eindruck einer gewissen Leere zu korrigieren. Man ummantelte das spätgotische Kruzifix Ulmer Schule mit einem barock wirkenden Baldachin mit Faltenwurf.

Spätgotisches Kruzifix, umhüllt von einem Baldachin mit Faltenwurf in St. Peter und Paul, Großkötz

EIN BESCHAULICHER SCHLOSSWEIHER öffnet den Blick zwischen den Baumgruppen auf das Wasserschloss in Kleinkötz. Eine Steintafel über dem pilasterflankierten Ostportal verweist auf das Erbauungsjahr 1712 und den Bauherrn mit seinem Apfelwappen: Gutsherr Johann Jacob Holzapfel, dessen Familienmitglieder zeitweise Stadtpfleger von Augsburg und Statthalter des Königs von Spanien in Apulien und Kalabrien waren. Einwandererfamilien, vor allem aus Südtirol, kamen in den 1660er Jahren mitsamt Pfarrer Huber aus Meran ins Dorf. Franz Ignatz von Holzapfel verdankt Kleinkötz die heutige Kirche St. Nikolaus, deren schlanke, fast zierliche Silhouette fast an einen gotischen Kirchenbau denken ließe – wäre da nicht die Zwiebelhaube auf dem Turm. Der vielbeschäftigte, in Günzburg ansässige Baumeister und Architekt *Valerian Brenner* – ursprünglich aus dem Bregenzerwald stammend – wurde damit beauftragt, die ruinöse Vorgängerkirche durch einen Neubau zu ersetzen. 1692 begann der Neubau, der bis heute geprägt ist von einem hohen, edlen Raum einheitlicher Ausstattung. Das seltene, tiefe Blau der drei Altäre aus der Entstehungszeit der Kirche um 1700, ergänzt mit Gold und Silber, hebt sich deutlich ab vom Weiß der Wände. Wie in Großkötz gibt es im Nachbarort ein spätgotisches Kruzifixus, das nun an der nördlichen Chorwand angebracht wurde. Es hat einem plastischen Kruzifix (um 1730/40) Platz gemacht, das vor einem Gemälde die Düsternis des Karfreitags eindrucksvoll in Szene setzt. Der dunkle Himmel über der Gebäudekulisse Jerusalems über dem tiefen Horizont wirkt fast schwarz, am Bildrand verfinstert sich die Sonne, wodurch Christus als plastische Figur vor dem Gemälde sowohl zum bildlichen als auch zum geistlichen Mittelpunkt des Altars wird. Der aufmerksame Besucher wird auch in der Pfarrkirche St. Nikolaus auf den Verweis seiner Bauherren stoßen: die Epitaphien der Herren von Holzapfel, deren Familienwappen mit den Äpfeln neben dem südlichen Eingang zu finden ist.

Das Inventar stammt aus altem Familienbesitz; im Rahmen einer Führung ist viel über die eindrucksvolle Geschichte der Kronburg zu erfahren.

Kronburg

Von der Burg zum Schloss

Im Illerwinkel, wenige Kilometer westlich von Memmingen, sitzt die Kronburg auf einem eiszeitlichen Moränenhügel, der bereits 1191 im Besitz des Kaisers Friedrich Barbarossa und des Geschlechts der Hohenstaufen gewesen ist, der aufgrund seiner exponierten Lage mit weitem Blick ins Land einen ersten militärischen Stützpunkt errichten ließ. Eine erste Burg, wohl kurz nach 1200 erbaut, ging nach 1268 bald als Pfandlehen an die Habsburger. Nach etlichen Besitzerwechseln wurde die nach vergeblichen Belagerungen und der Besetzung durch aufständische Bauern 1524 noch vor dem Bauernkrieg sehr schadhaft gewordene Burg bis 1536 unter den Herren von Rechberg zum großen Teil neu gebaut. 1619 kommt die Kronburg an Johann Eustach von Westernach, den späteren Hochmeister des Deutschen Ritterordens. Ohne Schaden kommt die Burg durch den Dreißigjährigen Krieg, im Spanischen Erbfolgekrieg jedoch wird die Kronburg von den Franzosen besetzt und zum Teil abgebrochen. Beim Wiederaufbau 1705 verliert die Kronburg den Charakter einer Burgfeste und wird zum Schloss. Seit 1619 ist Kronburg im Besitz der Familie Vequel-Westernach, die im Rahmen von Veranstaltungen und nach Voranmeldung bei Führungen das Schloss der Öffentlichkeit zugänglich macht.

Vier Rundtürme mit Zwiebelhauben geben der Kronburg ihr charakteristisches Aussehen. Der Schlossherr bietet Führungen an.

Krumbach

Das Herz Mittelschwabens

Es sind naturräumliche Gegebenheiten und geografische Bezugspunkte, die Orientierung darüber liefern, wo Mittelschwaben denn eigentlich liegt. Während Bayerisch-Schwaben in seinen politischen Grenzen klar definiert ist, nähert man sich Mittelschwaben am besten über die Flusslandschaften. Im Osten gilt die Mindel als Abgrenzung zum Naturpark Augsburg–Westliche Wälder, im Norden endet Mittelschwaben am Lauf der Donau, im Westen bildet die Iller die Grenze zum württembergischen Teil von Oberschwaben. Im Süden dagegen gelten die Endmoränen der Würmeiszeit bei Bad Grönenbach, Memmingen, Mindelheim und Bad Wörishofen als naturräumliche Grenze zum Allgäu.

So hat sich das beschauliche Krumbach, ziemlich zentral zwischen Ulm, Günzburg, Illertissen, Memmingen und Mindelheim gelegen, den zumindest geografisch passenden Beinamen „Das Herz Mittelschwabens" gegeben, das gleichzeitig auch mit einigen barocken Schönheiten aufwarten kann.

Das Hochaltarbild Johann Baptist Dollenbachers (1815–1866), den Altar schufen 1775/79 die Brüder Johann und Franz Joseph Bergmüller.

ST. MICHAEL ist die Stadtpfarrkirche im Zentrum Krumbachs, die 1751 bis 1753 von *Johann Martin Kraemer*, dem Sohn des *Simpert Kraemer* aus dem nahe gelegenen Edelstetten, erbaut wurde. Bei Ausgrabungen im Kirchenschiff ließ sich ein frühmittelalterlicher Vorgängerbau nachweisen. Von einem spätgotischen Vorgängerbau haben sich die beiden unteren Drittel des Turms mit Turmkapelle erhalten. Dem Turm mit seinem reich profilierten Traufgesims hat *Simpert Kraemer* sein heutiges Aussehen verliehen. Der erfahrene Baumeister ist dabei von der damals üblichen Gestaltungslinie achteckiger Barocktürme deutlich abgewichen und hat den oberen Teil des Krumbacher Kirchturms lediglich mit abgeschrägten Ecken und geknickten Pilastern betont. Auch den Abschluss hat er entschieden anders gestaltet. Anstatt der kupfernen Zwiebelspitze gibt eine Schweifhaube dem Turm eine besondere Note.

Johann Martin Kraemer bewies sich mit St. Michael als würdiger Nachfolger seines Vaters *Simpert*, auch wenn er „nur" den baulichen Körper geschaffen hat, den Künstler wie Freskant *Franz Martin Kuen* oder der Wessobrunner Stuckateur Franz Xaver Feuchtmayer (1698–1763/64) mit reichem künstlerischen Leben füllten. Die Auszugsbilder im oberen Teil der Seitenaltäre stammen noch von *Franz Martin Kuen*, das Bild im Hochaltar ist das Hauptwerk von Johann Baptist Dollenbacher (1815–1866). An der Decke des Chors spannt sich erneut ein Werk *Franz Martin Kuens*: Der Maler lässt den Betrachter miterleben, wie Rudolf von Habsburg, Begründer der Habsburger Monarchie, einem Priester begegnet, der sich auf dem Weg zu einem Kranken verirrt hat. Graf Rudolf steigt vom Pferd, geleitet den Geistlichen zum Sterbenden und kniet vor dem Allerheiligsten nieder – was nicht ohne Frucht bleibt. Engel bringen die Kaiserkrone und ein Füllhorn von Blumen. Dem Namenspatron St. Michael im Zentrum ist „der Kampf der Engel", das Hauptgemälde an der Decke des Langhauses, gewidmet. „F.M. Kuen pinx. 1752" setzte der Weißenhorner Meister wohl mit einigem Stolz unter sein Werk, bei dem er vor allem die braunen Farben seiner Palette zum Einsatz brachte: Erzengel Luzifer rebelliert, Michael stellt sich entgegen und stößt Luzifer in einem atemberaubend in Szene gesetzten Sturz in die Hölle.

DAS LICHTENSTEIN'SCHE SCHLOSS direkt gegenüber der Kirche wurde als Renaissanceschloss im ersten Drittel des 16. Jahrhunderts erbaut – ein blockhafter Gebäudekörper mit spielerisch aufgesetzten Zinnen vor den hohen Giebeln des Satteldachs, in dem heute eine Fachakademie untergebracht ist.

Rechts: Schloss und Kirche „Heilige Dreifaltigkeit" bilden ein harmonisches Ensemble und sind Zentrum Niederraunaus.

Unten: Im (ehemaligen) Dossenberger-Pfarrhof nahe der St. Leonhards-Kirche ist in Billenhausen die Geschäftsstelle des Allgäu-Schwäbischen Musikbundes (ASM) untergebracht. Er gilt als einer der schönsten Pfarrhöfe in Schwaben.

Rechts unten: Die Mühlkapelle in Krumbach (1830) ist eines von gut einem Dutzend Beispielen von Kapellen und kleinen Kirchen mit sogenannten „Giebelreiter-Türmen", die keine „echten" Kirchtürme sind, sondern auf das Mauerwerk des Kirchleins aufgesetzt wurden. Durch die mangelnde Standfestigkeit und Statik zeigen die Türmchen häufig eine bedenkliche Neigung, zum Beispiel bei St. Leonhard in Balzhausen.

SCHLOSS NIEDERRAUNAU war früher mit einem überdachten Gang mit der Pfarrkirche „Heiligste Dreifaltigkeit“ verbunden. Das Ensemble zeugt von der einstigen Bedeutung des heutigen Krumbacher Stadtteils, die bis ins 11. Jahrhundert zurückreicht, als Graf Schwigger von Balzhausen Raunau erbte. Der wiederum stiftete das Erbe 1067 mit bereits bestehender Kirche an das neu errichtete Kollegiatstift St. Peter in Augsburg, an die möglicherweise eine Architekturmalerei aus der Renaissance in der Kirche erinnert. Anfang des 15. Jahrhunderts kam die Familie von Freyberg in den Besitz Niederraunaus und ließ um 1730 das Schloss in seiner heutigen Gestalt erbauen. Auch die Kirche wurde zu Beginn des 18. Jahrhunderts restauriert und mit Fresken ausgestattet. 1882 wurde die Kirche völlig umgestaltet und mit neuromanischen Altären ausgestaltet, die mittlerweile wieder verschwunden sind. Heute beherrscht ein großes barockes Kreuz den Raum.

BISTRO JO.

DAS ALTE RATHAUS aus dem Jahr 1679 zeigte sich um das Jahr 1900 ohne sichtbares Fachwerk. Bei einer Renovierung 1935 kam es zu einem umfassenden Innenausbau und zur Freilegung des ursprünglichen Fachwerks wie auch zweier vormals zugemauerter Rundbögen zum Marktplatz hin, der heute als bewirteter Veranstaltungsort ein wichtiges Zentrum gesellschaftlichen Lebens in Krumbach bildet. Vom Marktplatz hinunter zur Kammel in den Stadtteil Hürben sind es nur ein paar Gehminuten. Erst 1902 wurde das östlich der Kammel gelegene Hürben eingemeindet, was für die Stadt eine erhebliche Vergrößerung bedeutete. Im Jahr der Stadterhebung 1895 zählte Krumbach 1.871 Einwohner, nach der Eingemeindung Hürbens 3.172. Zentrum und ehemaliger Verwaltungssitz Hürbens war das ehemalige Wasserschlösschen, eines der ältesten Gebäude Bayerns (1478). Lange Zeit war das wohl ursprünglich von einem Wassergraben umgebene Gebäude „trocken gelegt" und von den wuchtigen, ringsum angeordneten Stützpfeilern geprägt. Erst seit 2020 fließt auf dem Platz vor dem Schloss wieder Wasser: die Umgestaltung sah Wasserspiele vor.

Das Hürbener Wasserschloss ist mit seinem Baujahr 1478 eines der ältesten Gebäude Bayerns. Rechts oben: Lichtenstein'sches Schloss und Stadtpfarrkirche St. Michael Unten rechts: Das im Jahr 1801 erbaute und heute denkmalgeschützte Landauer-Haus in Hürben ist eines der letzten erhaltenen jüdischen Wohnhäuser der Stadt.

Krumbad

Die Legende der Adelheid und der Badstein

Legende oder Tatsache? Zur Entstehung der Krumbader Quelle erzählt man sich folgende Geschichte: Der eifersüchtige und brutale Ritter Ulrich von Ellerbach ließ im Jahre 1390 seine fromme Frau Adelheid wegen eines vermeintlichen Ehebruchs in eine Scheune sperren und diese anzünden. Daraufhin passierten zwei seltsame Dinge: Die – unschuldig – Eingesperrte verbrannte in der Scheune, ohne dass Kleider, Fleisch und Haare versengt wurden. Später soll an der Brandstelle eine Quelle zum Vorschein gekommen sein, die später zum Elixier für ein heilendes Bad wurde – die heilkräftige Quelle zum „Bad zu Lechsenried“. Das Lexenried ist eine herrliche Waldlichtung zwischen dem Krumbad und Niederraunau, auf der sich im Mittelalter eine untergegangene Siedlung befand. Ein um 1900 entstandener Kreuzweg mit kleiner Lourdes-Kapelle inmitten eindrücklicher Waldlandschaft ist ein schönes Ziel für Spaziergänger.

Das Heilbad hat sich ganz im Sinne der klösterlichen Tradition des Trägers der Harmonie von Körper, Geist und Seele verschrieben, als Ort, an dem sich neue Kraft schöpfen lässt. Eingebettet in eine sanfte Wald- und Hügellandschaft, mit zahlreichen schönen Spazier- und

Ein Ort der Ruhe und Quell der Erholung ist das Heilbad Krumbad. Es liegt etwa einen Kilometer östlich von Krumbach.

Wanderwegen, umrahmt von einem kleinen Kurpark, strahlt dieser Ort Ruhe und Erholung aus. Einzigartig ist auch die Heilkraft des Krumbader Badsteins, zu dem 1595 bereits 120 Krankheiten aufgezeichnet sind, die „diß Bad vermischt mit Gypss" heilen könne. Dieser „Gypss" ist eine Tonerde mit Hauptbestandteil Silicium (Kieselsäure), über 60 Prozent Magnesium und Kalium. Der Stein, der nördlich vom Krumbad aus dem Bergrücken des Buchenwalds aus einer Grabungstiefe von drei bis fünf Metern gewonnen wird, stammt vermutlich aus vulkanischer Asche und ist Grundlage zahlreicher Therapien gegen Erkrankungen, vor allem des Bewegungsapparates, ebenso wie in der traditionellen Kneipp-Therapie im Krumbad.

Das Heilbad Krumbad ist eng verbunden mit dem in Ottobeuren-Stephansried geborenen Pfarrer Sebastian Kneipp, der in Bad Wörishofen aufgrund seiner Wasserkuren auch als „Wasserdoktor" berühmt geworden war. Als die St. Josefskongregation Ursberg 1891 das Heilbad Krumbad übernahm, wurde der Geistliche Dominikus Ringeisen (1835–1904) als Leiter eingesetzt. Dessen enge Freundschaft zu Pfarrer Sebastian Kneipp (1821–1897) brachte die überaus erfolgreiche Kneipp'sche Wassertherapie ins Krumbad, die neben anderen medizinischen Anwendungen bis heute im Krumbad zum Tragen kommt. Seit 1981 sind die St. Josefskongregation, der Bezirk Schwaben und der Landkreis Günzburg Gesellschafter der Heilbad Krumbad GmbH.

Leipheim

Eine Burg wie aus dem Bilderbuch

Weit vor der Epoche des Barock stand in Leipheim bereits eine Burg. Es war der Herrschaftssitz des früheren Ortsadels, der Güssen, deren Wappen im südöstlichen Schlossgiebel abgebildet ist. Diesem niederen Adelsgeschlecht begegnet man mit Gerwig I. im Jahre 1267 erstmals. Er war wohl der erste Güsse, der Leipheim in seinem Besitz hatte. 1330 bekamen die Herren von Güssen von Kaiser Ludwig dem Bayer das Stadtrecht verliehen, gründeten bereits 15 Jahre zuvor die noch heute bestehende Hospitalstiftung zum Heiligen Geist, übertrugen diese 1368 an die Stadt, mussten jedoch Stadt samt Burg aus Geldnot 1373 an die Grafen von Württemberg verkaufen. Deren Herrschaft wiederum war weit kürzer als die der Güssen: Bereits 1453 gab Ulrich V., Graf von Württemberg, Leipheim für 23.300 Rheinische Gulden an die Freie Reichsstadt Ulm, die Leipheim bis 1802 besaß.

Während dieser Zeit entstand Schloss Leipheim in der Form, wie es sich heute zeigt. Auf einem kurzen Bergsporn, wohl 20 Meter hoch über der Donau, erhebt sich geschützt durch die trutzigen Burgmauern erhaben das Burgschloss über Leipheim. Ecktürme und Erker unterstreichen den Schlosscharakter des dreigeschossigen Giebelbaus, ohne die mittelalterliche Herkunft zu überdecken. Im Schlossportal ist die Zahl 1559 zu lesen, das Jahr, als der Bau des heutigen Schlosses vollendet wurde.

AUF DER ALTEN BURG DER GÜSSEN saßen seit 1453 die Vögte der Reichsstadt Ulm, die in der bewegten Geschichte Leipheims eine zentrale Rolle einnahmen. Ehemals konnte die Stadt mit rund 1.000 Einwohnern von Ackerbau, Handweberei, Flachs- und Hopfenanbau gut leben, was sich um das Jahr 1500 drastisch änderte. Auf Anordnung des Ulmer Rats war den ländlichen Webern ab 1512 nur noch der Betrieb von zwei oder drei Webstühlen gestattet, was für die Leipheimer Weber zu gewaltigen

Schloss Leipheim spiegelt sich in einem Fenster des Schlosshofs: Das gesamte Anwesen umfasst ca. 250 mal 300 Meter.

Der Löwe wacht im frei zugänglichen Schlosshof, die „Blaue Ente“ lädt zum Besuch des Museums: Schloss Leipheim bietet interessante Ansichten.

Einkommenseinbußen führte. Sie baten um Steuernachlass und schlossen sich der großen Zahl unzufriedener Bauern an, um um die Wiederherstellung ihrer alten Rechte zu kämpfen und ihre Lebensverhältnisse zu verbessern. Der sogenannte „Leipheimer Haufen“, der sich aus 4.000 bis 5.000 schlecht ausgestatteten Bauern zusammensetzte, stellte sich dem Heer des Schwäbischen Bundes entgegen. Am 4. April 1525 kam es bei Leipheim zur ersten großen Bauernschlacht, bei der wohl 1.000 Bauern erschlagen, erstochen oder in der Donau ertränkt und die Rädelsführer geköpft wurden.

DAS BAUERNKRIEGSDENKMAL und das Heimat- und Bauernkriegsmuseum im ehemaligen Brauereigasthaus „Blaue Ente“ am Schlossberg erinnern an diese schlimme Zeit, die sich für die Leipheimer rund 100 Jahre später nochmals wiederholen sollte. Im Dreißigjährigen Krieg flohen die Einwohner Leipheims nach Ulm, während die kaiserlichen Truppen das verlassene Donaustädtchen samt Burgschloss plünderten und brandschatzten. Da der Stadt Ulm die nötigen Mittel fehlten, wurde das Schloss bis in die jüngere Vergangenheit nie umfassend instand gesetzt und saniert. 1802 wurde das renovierungsbedürftige Schloss in Leipheim zur Wohnung des königlich-bayerischen Revierförsters und ging bis 2006 durch viele private Hände. Erst 2006 erwarb ein Ulmer Unternehmer Schloss Leipheim und ließ es aufwendig sanieren, um seither darin zu wohnen.

Das 1818 gestiftete Kinderfest erinnert in Leipheim bis heute an die damalig schlechte Zeit großer Hungersnot.

Maria Baumgärtle

Die Schwarze Madonna aus Altötting

Manch weit gereistem Kunstliebhaber mag die Wallfahrtskirche Maria Baumgärtle nahe Mindelheim nicht genügend interessant erscheinen. Doch der kleine neubarocke Bau, der nach dem Abbruch der baufälligen Vorgängerkapelle (1722) erst im Jahr 1883 geweiht wurde, war und ist Ziel vieler Pilger, die es zum prächtigen Hochaltar zieht. Der Gnadenaltar der alten Wallfahrtskapelle aus der Mitte des 18. Jahrhunderts überdauerte mit reichlich Gold und Silber verziert die Zeit. Dabei zieht das Gnadenbild im Zentrum des Altars seit jeher die Blicke auf sich: Hinterfangen von einer vergoldeten Muschelkalotte, ist die frühbarocke Nachbildung der Schwarzen Madonna von Altötting mit ihrem Kind auf dem Arm das Ziel der Gläubigen, die durch Votivtafeln bis heute ihrem Vertrauen in die Gottesmutter Ausdruck verleihen. Das Deckenbild in Medaillenform malte Josef Stehle (1832–1905) aus Krumbach 1895. Die ovalen Motive der beiden Seitenaltäre malte Richard Posselt 1946. Reste der kostbaren Kapellenausstattung aus der Mitte des 18. Jahrhunderts befinden sich heute in den Kirchen von Bedernau (Monstranz), Erkheim (Kanzel) und Deisenhausen (Hochaltar).

Blick vom Innenraum zum Hochaltar mit der Nachbildung der Schwarzen Madonna von Altötting aus 1700. Rechts: Votivtafeln und Außenansicht, rechts unten: Gnadenbild im Hochaltar und Deckengemälde im Chor

Mutter Got
hat S. a
8.2011 ge
Mein Glaube
an dich
haben Mich
wieder
Aufgerichtet
Maria
hat geholfe
Danke
2008–2011
HERR
SEGNE
DIESES
HAUS
MARIA HAT
GEHOLFEN
OSTERMONTAG
HILF
GEHOLFEN
Maria
hat geholfen

Maria Steinbach

Eine Kirche – zwei Wallfahrten

Mit dem Jahr 1723 beginnt die Wallfahrtsgeschichte Maria Steinbachs. Abt Hermann Vogler (1680–1749), zu dessen Prämonstratenserkloster Rot an der Rot Steinbach gehörte, schenkte dem Dorf eine Reliquie, einen Partikel aus dem Kreuz Jesu. Die daraufhin entstandene Kreuzwallfahrt gewann schnell an Popularität. Als sich ab 1730 Berichte von Augenzeugen mehrten, die Schmerzhafte Muttergottes wende die Augen, öffne und schließe sie, das Gesicht verfärbe sich mitunter stark und nehme einen tieftraurigen Ausdruck an, bei dem sich die Stirnadern verdickten und Tränen zu sehen seien, verbreiteten sich die unerklärlichen Vorkommnisse wie ein Lauffeuer. Zudem beobachteten ein Pater und Bauern, dass die Kirche nachts strahlend hell leuchtete – so zog es mehr und mehr Menschen in den Illerwinkel westlich von Memmingen, um bei der Schmerzhaften Muttergottes um Hilfe und Fürsprache zu bitten. Als Marienwallfahrtsort wur-

1765 wurden die Arbeiten an Maria Steinbach nach 16 Jahren Bauzeit abgeschlossen. Sie entstand als Wandpfeilerkirche nach Vorarlberger Schema.

de Steinbach außerordentlich berühmt und in einem Atemzug mit Ettal oder Altötting genannt. 1749 wurde mit dem Neubau der Wallfahrtskirche begonnen: Benedikt Stadelhofer (1694–1760), ein architekturkundiger Pater des Klosters Rot an der Rot, gilt als Architekt des im Schema einer Vorarlberger Wandpfeilerkirche errichteten Gotteshauses. Der 17. Mai 1754 war ein besonderer Tag: Das Gnadenbild der Schmerzhaften Muttergottes bekam seinen heutigen Platz. Zuvor entstand 1752 das 14,50 mal 20 Meter große Deckenfresko Franz Georg Hermanns sowie seine eindrucksvollen Mirakelbilder, die von den Wundern der Schmerzhaften Muttergottes zeugen. So fällt Johannes Schaas, der eine hohe Tanne fällen will, nicht in die Tiefe, weil er in größter Gefahr eine Wallfahrt verspricht.

Links: Schmerzhafte Muttergottes von einem unbekannten Meister, Kreuzaltar mit Kruzifixus (beide um 1622), Deckenfresko und Mirakelbild von Franz Georg Hermann

Ziel vieler Gläubigen: Vor allem an den Festtagen zu Pfingsten und Mariä Himmelfahrt pilgern Tausende zur Marienfigur in die Grotte Vesperbilds.

Maria Vesperbild

350 Jahre ungebrochene Wallfahrtstradition

Sie gilt als die größte Wallfahrt Schwabens und nach Altötting als zweitgrößte Bayerns: Die besondere Bedeutung Maria Vesperbilds bei Ziemetshausen hat verschiedene Gründe.

WALLFAHRTEN gab es einst viele im Schwäbischen Barockwinkel. In Mindelzell ist 1211 die vermutlich älteste Wallfahrt der Region belegt, Maria-Königin-Bild als einstmals größte Wallfahrt Schwabens in Limbach / Burgau ist heute vollkommen in Vergessenheit geraten. Die Pfarrkirchen Mariä Schmerzen in Waldkirch, Sankt Stephan in Autenried oder Maria Feldblume in Wattenweiler hatten vormals große Bedeutung für die fromme Bevölkerung in der Region. Denn bei einer Wallfahrt machten sich Gläubige auf den Weg, um an einer heiligen Stätte um Fürsprache für die Nöte und Sorgen zu bitten. Die wichtigsten Pilgerziele waren im Mittelalter Jerusalem, Rom oder Santiago de Compostela, wohin eine Pilgerfahrt jedoch nur mit finanziellen Mitteln und viel Zeit möglich war. Weil sich jedoch der Glaube an die Wunderkraft des Kreuzes Christi auch in kleinsten Partikeln wiederfand, waren Kirchen wie die Heilig-Kreuz-Kirchen Breitenthal, Burg, Mindelaltheim, Mindelzell oder Steinbach viel besuchte Pilgerziele.

MARIA VESPERBILD besitzt im Gegensatz zu den vielen regionalen Wallfahrten eine seit mehr als 350 Jahre andauernde, ungebrochene Wallfahrtstradition, die unmittelbar mit dem nur wenige hundert Meter von der Wallfahrtskirche entfernten Schloss Seyfriedsberg der Fürsten Oettingen-Wallerstein zu tun hat. Jakob von St. Vincent, der Pfleger des Anwesens, ließ 1648 zum Dank für das Ende des Dreißigjährigen Krieges und die Rettung im Kampf mit marodierenden Soldaten um 1650 eine kleine Feldkapelle errichten, für die er das Gnadenbild stiftete. Bald wurde der Bau für den wachsenden Zustrom an Pilgern zu klein, weshalb die Kapelle bereits 1673 erweitert wurde. Einen ersten größeren Neubau schuf Stiftsbaumeister *Simpert Kraemer* von Edelstetten, mittlerweile zum Klosterbaumeister von Ottobeuren aufgestiegen, 1725/26 im Auftrag der Grafen von Oettingen-Wallerstein, der sich jedoch bereits 1754 als baufällig erweisen sollte und abgerissen wurde. Nun entstand der vierte und heutige Bau: Der aus Münsterhausen stammende Baumeister Johann Georg Hitzelberger (1714–1792) bewies in der Planung und Ausführung der neuen Wallfahrtskirche seine hervorragende Ausbildung und sein Können. Nichts sollte in Maria Vesperbild vom Gnadenbild ablenken. Daher plante Hitzelberger den Kirchenraum zurückhaltend mit einem relativ kleinen rechteckigen Saal von 21 mal 14,5 Metern und dem rund schließenden

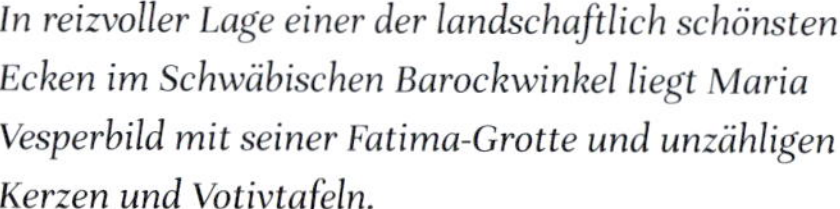

In reizvoller Lage einer der landschaftlich schönsten Ecken im Schwäbischen Barockwinkel liegt Maria Vesperbild mit seiner Fatima-Grotte und unzähligen Kerzen und Votivtafeln.

Maria
hat geholfen

Chor von 13 mal 10 Metern Größe. Bei einer Renovierung 1867 bis 1869 wurden die drei Altäre und die Kanzel aus dem ehemaligen *Kraemer*-Bau durch neuromanische ersetzt und erst 1962 bis 1965 wieder dem ursprünglich barocken Stil angepasst, wodurch die Innenausstattung der Kirche zum Großteil der Mitte des 20. Jahrhunderts entstammt. Zentrales Herzstück im neugestalteten Hochaltar blieb das Gnadenbild, das dem des barocken Hochaltars noch aus der Kirche *Simpert Kraemers* entspricht. Der heutige Altar, vom Nördlinger Kunstmaler Anton Reissner entworfen und von Fritz Hoermann aus Babenhausen geschaffen, ist weit filigraner als der ursprüngliche und lenkt in monstranzähnlicher Form den Blick allein auf Maria und ihren toten Sohn. Dieses Gnadenbild, dessen Typus im Spätmittelalter entstanden ist und im Italienischen Pietà genannt wird, erhielt seinen deutschen Namen „Vesperbild“ vom lateinischen „vespera“ (Abend). Diese Bezeichung verweist auf das christliche Abendgebet, die Vesper, bei der man der Kreuzabnahme Christi und der Beweinung seines Leichnams gedenkt.

IN DER FATIMAGROTTE legen viele Kerzen und ungezählte Votivtafeln Zeugnis davon ab, dass hier Menschen Hilfe suchen und finden. Ein Glanzpunkt ist am 15. August das Fest Mariä Himmelfahrt. Nach dem abendlichen Festgottesdienst auf der Waldwiese ziehen Tausende mit Kerzen in einer stimmungsvollen Lichterprozession durch den Wald zur blumengeschmückten Fatimagrotte.

Das Gnadenbild (links unten), daneben die gekrönte Fatimamadonna vor goldenem Strahlenkranz. Rechts: Blick in die Kirche mit Fresko Kreuzabnahme Jesu

SCHLOSS SEYFRIEDSBERG

ist untrennbar mit der Wallfahrt Maria Vesperbild verbunden. Der Pfleger des Schlosses ließ um 1650 eine erste Feldkapelle errichten, aus der die spätere Wallfahrt erwuchs. Schloss Seyfriedsberg ist 1251 erstmals als „Veste Sifrisperc" erwähnt und wurde im 16. Jahrhundert erbaut. 1667 kaufte Graf zu Oettingen-Wallerstein das Anwesen, in dessen Familienhand sich Seyfriedsberg fast 350 Jahre lang befand. Karl Anselm Prinz zu Oettingen-Wallerstein ließ das Schloss Mitte des 19. Jahrhunderts umbauen, wobei die Gebäude ihr heutiges Aussehen erhielten. Vor dem Schloss ließ er einen forstbotanischen Park anlegen, in dem Sträucher und Bäume aus aller Welt gepflanzt wurden. Das Naturdenkmal ist ganzjährig für Interessierte frei zugänglich, auch wenn das Schloss selbst nicht zu besichtigen ist.

Matzenhofen

Italienische Akzente für ein Kleinod

Umgeben von hohen, dunklen Tannen bliebe das kleine Wallfahrtskichlein von Matzenhofen dem ahnungslosen Reisenden auf dem Weg von Unterroth nach Kettershausen wohl verborgen, stünden nicht an warmen Tagen am Fuß des Kirchberges die zahlreichen Autos der Besucher der unmittelbar neben der Kirche gelegenen Wallfahrtsschenke, die seit Jahrzehnten für ihre knusprigen Göckel weithin bekannt ist.

DAS KIRCHLEIN VON MATZENHOFEN stand nicht immer so allein im Wald. Vieles deutet darauf hin, dass Matzenhofen einst eine eigene Pfarrei war. Wann und warum dieses Kirchdorf ausgestorben ist, bleibt vorerst ein Rätsel. Bis zuletzt waren historisch gewachsenen die Zuständigkeiten mannigfaltig,

Ein Blick auf den Hochaltar der Wallfahrtskirche „Zur Schmerzhaften Muttergottes“ mit der mehr als 500 Jahre alten Pietà. Sie stammt vermutlich noch aus der ersten Vorläuferkapelle in Matzenhofen.

Matzenhofen gehörte zur Pfarrei Babenhausen, wurde aber von Unterroth aus versehen. Heute ist die Wallfahrtsschenke auch das Vereinslokal der Schwabengilde, die sich vor allem der Pflege der schwäbischen Mundart verschrieben hat. Am Fuße des Kirchbergs hat die Gilde einen Poetenweg eingerichtet, dessen Stationen mit wechselnden Gedichten begeistern.

EINE SPÄTGOTISCHE PIETÀ gilt als Überbleibsel der wohl ersten Kapelle. Dieses Versperbild stammt aus der Zeit der Spätgotik um 1470 bis 1480, wurde beim Neubau des Kirchleins fast 300 Jahre später mit in die Ausstattung übernommen und ziert den offen gestalteten, viersäuligen Hauptaltar. Franz Karl Fugger von Kirchberg-Weißenhorn, Spross der mächtigen Adelsfamilie, stiftete die neue Rokokokirche, die er beim Babenhausener Baumeister Johann Georg Beer (1701–1781) in Auftrag gab. Die Kirche zur Schmerzhaften Muttergottes entstand von 1748 bis 1751. Das Baujahr 1750 ist an der Decke neben dem Fugger'schen Familienwappen mit der typischen Lilie festgehalten. Die Babenhauser Fugger hatten, wie jedes große Adelsgeschlecht, ihre Hauswallfahrt und kamen regelmäßig nach Matzenhofen.

DIE FRESKEN FRANZ MARTIN KUENS zeigen sich in Matzenhofen stark beeinflusst von seinen Studien in Venedig und Rom, was besonders am Hauptbild deutlich wird. Dem biblischen Gesetz folgend bringt die Gottesmutter ihren Erstgeborenen in den Tempel von Jerusalem. Maria ist vor dem greisen Simeon niedergekniet,

Die spätgotische Pietà wirkt steif, verglichen mit den barocken Putten und Figuren in der Matzenhofener Wallfahrtskirche.

dem sie zuvor ihren Sohn übergeben hat. Simeon erkennt den Messias, den ihm der Heilige Geist verkündet hatte und der hier als weiße Taube erscheint. Dem Bildprogramm der Verehrung Marias folgend stellt Kuen meisterhaft die Aufnahme der Gottesmutter in den Himmel dar. Von ihrem Sohn, der vom Kreuz herabgestiegen war, empfängt Maria demütig die Himmelskrone – umgeben von zahlreichen Kranken, Hilfsbedürftigen und Pilgern, die wie die Pilger in Matzenhofen das Geschehen aufmerksam verfolgen und von der Verehrung Mariens auf Linderung und Erlösung hoffen.

WIE DIE FARBEN ZUM LEUCHTEN GEBRACHT WERDEN
hat *Kuen* kurz zuvor bei Großmeister Giovanni Battista Tiepolo (1696–1770) in Venedig gelernt. An dessen berühmtes Deckenbild in Santa Maria del Rosario (I Gesuati) in der Lagunenstadt angelehnt, beeindruckt *Franz Martin Kuen* mit ausdrucksstarken Figuren und leuchtenden Farben, die zu seinem Markenzeichen werden sollten. Dank der seinerzeit modernen Deckenbemalung mit italienischen Akzenten in Matzenhofen erhielt der Weißenhorner Meister zahlreiche Folgeaufträge: Drei Jahre später begann er für die von Grund auf neu errichtete Kirche in Kloster Roggenburg 36 Fresken wie auch sämtliche Altarbilder zu malen. *Franz Martin Kuen* gilt heute als einer der wichtigsten deutschen Rokoko-Maler.

Auch heute noch versteckt im Wald: die Wallfahrtskirche in Matzenhofen mit schönen Fresken des Weißenhorner Künstlers Franz Martin Kuen

Mindelzell

Ein verloren gegangener Kreuzsplitter

Selbst Geistliche stellen sich die Frage, wie ein Dorf wie Mindelzell zu einer so prachtvollen Rokokokirche kommt. Der Grund dafür ist zwar sehr klein, aber bedeutend: Nach Beendigung eines unblutigen Kreuzzugs 1229 schenkte Kaiser Friedrich II. seinem treuen Gefolgsmann Konrad von Lichtenau einen Splitter vom Kreuze Christi – eine kostbare Reliquie, die Konrad, der Propst des Prämonstratenserklosters Ursberg, im Jahr 1230 an seine Heimatkirche in Mindelzell weitergab. Seit damals wird das Heilige Kreuz in Mindelzell verehrt. Eine Wallfahrt jedoch entwickelte sich erst 400 Jahre später. In den Wirren des Bauernkriegs 1525 wurde das Kreuzpartikel gemeinsam mit anderen Kirchenschätzen in fünf runden, hölzernen Kugeln unter dem Hochaltar zum Schutz eingemauert – jedoch offenbar vergessen. Erst 100 Jahre später entdeckte Pater Johannes Neher 1625 die schon verloren geglaubte Reliquie, die fortan zu einem großen Zustrom an Wallfahrern führte. In diesen schlimmen Jahren der Pest und des Dreißigjährigen Krieges scharten sich Gläubige aus nah und fern um das Heilige Kreuz von Mindelzell und erbitteten vom Gekreuzigten Hilfe und Trost. Bald pilgerten mehr als 50 Pfarreien nach Mindelzell. Um 1670 zählte die vom Ursberger Abt Vitus

Kuens großes Deckengemälde stellt das Jüngste Gericht dar. Das Kreuz führt zur Scheidung der Geister und ist auch auf den Emporenbildern Programm.

Folgeseite: Kuens Kuppelfresko zeigt die Nöte der Menschen.

Die Mindelzeller Kirche entstand 1749/50 in der Blütezeit des Wallfahrtswesens, die zusammenfällt mit dem Höhepunkt barocker Baukunst in der Region. Unten: Hl. Michael, der frühere Kirchenpatron, und die lebensgroße Muttergottes

Schönheinz gegründete Bruderschaft vom Heiligen Kreuz schon 8.000 Mitglieder. Der starke Zustrom machte immer weitere bauliche Veränderungen an der Kirche notwendig. Außen wurden ein Altar und eine Kanzel angebracht, die Kirche wurde von Künstlern wie *Christoph Rodt* reicher ausgestattet. 1690 wurde das Heilige Kreuz gestohlen, der Dieb ermittelt und das Reliquiar konnte sichergestellt werden. In einer feierlichen Prozession von Ursberg nach Mindelzell brachte Abt Joseph I. von Ursberg den Kreuzsplitter in einem kostbaren, von ihm gestifteten Ostensorium wieder zurück in die Heilig-Kreuz-Kirche.

DIE STARK AUFBLÜHENDE WALLFAHRT führte 1749/50 zum Bau der heutigen Kirche. Abt Joseph III. Seitz ließ die alte, dem heiligen Michael geweihte Kirche abbrechen und beauftragte den Baumeister und Stuckateur Johann Kaspar Radmiller aus Thannhausen den Maler *Franz Martin Kuen*, das Thema des Heiligen Kreuzes in der Kirche umzusetzen. So plante Radmiller bereits den Grundriss der Kirche auf halber Höhe des Talrandes über den Dächern des Ortes in Kreuzform. Geführt von Licht und Architektur richtet sich der Blick auf das Kreuzesopfer Christi im Bild des Hochaltars von *Konrad Huber* aus Weißenhorn. Zwei Menschen, die im Leben Christi eine besondere Rolle spielten, flankieren den Hochaltar: Helena und Konstantin der Große, beide geschaffen vom Neuburger Meister *Christoph Rodt*. Im Kuppelfresko *Franz Martin Kuens* über dem Chor verdeutlichen sich die Nöte der Menschen: Mütter mit kranken Kindern, Gebrechliche, Pilger, Bauern erbitten Hilfe. Vor dem Kreuz weicht auch das Böse: Aus einer gepeinigten Frau fahren kleine Teufel aus, eine Hexe sucht auf einer Mistgabel das Weite. Im großen Deckengemälde, ebenfalls von *Kuen*, erscheint Jesus Christus auf dem Regenbogen. Das Kreuz führt zur Scheidung der Geister: Die Feinde des Kreuzes stürzen ins ewige Verderben, im Kreuz ist Heil und Rettung.

Neuburg

Heimatort des Künstlers Christoph Rodt

Eine der seltenen vollplastischen Darstellungen der Kreuzabnahme Jesu ist der größte Schatz der Kirche Mariä Himmelfahrt in Neuburg an der Kammel. Sie stammt von einem großen Meister sakraler Bildhauerkunst: Christoph Rodt, der aus dem Ort stammt.

Neuburg

Ein Dreiklang aus Schloss, Turm und Kirche

Christoph Rodt, einer der herausragenden Künstler Mittelschwabens, wuchs als einziger Sohn des Kunstschreiners Hans Rodt gemeinsam mit seinen Schwestern in Neuburg an der Kammel auf. Seine Lebensspanne von der Zeit um 1578 – das genaue Geburtsjahr ist nicht bekannt – bis zu seinem Tod 1634 fiel in die Zeit, die für seinen Geburtsort prägend war. Im frühen 16. Jahrhundert erwarb der Freiherr von Illertissen, Erhard II. Vöhlin von Frickenhausen, die Herrschaft Neuburg samt heruntergekommener Burg über dem Ort. Die Nachfahren Erhards investierten in den Marktflecken und brachten Geld, Macht und Glanz nach Neuburg. Im Jahr 1567 ließ Johann Christoph I. von Vöhlin die neue Schlossanlage im Stile der Renaissancezeit mit ihren vier zinnenbewehrten Giebeln errichten, um 1600 entstand der markante Torturm, für den die Pläne vermutlich im Umkreis des Augsburger Baumeisters Elias Holl (1573–1646) entworfen wurden. 1593 schließlich war es Ferdinand Vöhlin von Frickenhausen, der im Ort die Pfarrkirche bauen ließ und den schönen Dreiklang aus Schloss, Turm und Kirche vervollständigte. Die Pfarrkirche wurde 1733 durch den Edelstetter Baumeister *Simpert Kraemer* barockisiert.

Schlossturm, Schloss und Kirche: Neuburg an der Kammel besitzt eines der schönsten Ortsbilder im Schwäbischen Barockwinkel.

IN DIESER ZEIT UM DAS JAHR 1600 endete die Wanderschaft *Christoph Rodts,* der zuvor vermutlich in Weilheim eine Bildhauerlehre absolviert hat. Er kam zurück in seinen Geburtsort und heiratete Anna Maria Hofer aus Münsterhausen, bevor ihm 1603 Vater Hans Rodt den Schreinereibetrieb übergab. Erstmals wurden die Werke *Rodts* in der Region sichtbar: 1601 entstand in der Werkstatt *Rodts* ein Kruzifix für die Kirche Mariä Geburt in Altenstadt, 1604 stellt *Rodt* bei Mindelaltheim ein Kreuz und die Figuren der beiden Schächer Dismas und Gestas auf, noch im selben Jahr errichtet er eines seiner prachtvollen Hauptwerke, den Illertisser Hochaltar, das einzig vollständig erhaltene Altarwerk des Neuburger Meisters. In dieser Zeit entstanden Heiligenfiguren und Kunstwerke für Kirchen aus der näheren Umgebung Neuburgs: Burgau, Deubach, Landensberg, Au an der Iller, Hirschfelden, Münsterhausen, Elchingen, Ollarzried und ein erstes Werk für die Klosterkirche in Roggenburg, für die er später eine Fülle von Skulpturen schaffen sollte.

IN DER SCHAFFENSZEIT VON 1610 BIS 1620 weitete sich mit der Bekanntheit um die Kunstfertigkeit auch der Wirkungskreis der *Rodt'schen* Werkstätte aus: Die Auftraggeber kamen nun auch aus Gundelfingen, Günzburg, Höchstädt, Kirchheim, Schwabmünchen, Ursberg, später auch aus Neresheim und eben aus Kloster Roggenburg, für das vielleicht auch jene ausdrucksstarke Kreuzabnahme gefertigt wurde, die heute in der Neuburger Pfarrkirche Mariä Himmelfahrt zu sehen ist: Maria, zusammengesunken, wird gestützt von Maria Magdalena. Gegenüber steht, den Blick nach oben gerichtet, Johannes, der betroffen beobachtet, wie der Leichnam Christi, von drei Männern gehalten, vom Kreuz genommen wird.

DIE KREUZABNAHME aus der Zeit um 1628 ist das bedeutendste der bis heute erhaltenen Werke Rodts. Vermutlich war sie der Mittelpunkt des Kreuzaltars der alten Roggenburger Klosterkirche, der den Zeitgenossen als Wunder galt, später aber wegen Wurmfraß abgerissen werden musste. Gefunden wurden die Einzelfiguren, die zu einer szenischen Einheit zusammengeschlossen sind, zu Anfang des 20. Jahrhunderts in Kisten verpackt auf dem Speicher von Schloss Neuburg. 1910/11 wurde das Werk restauriert und in der Schlosskapelle aufgestellt. Nachdem das Schloss 1984 sanierungsbedürftig verkauft wurde, sollte auch *Rodts* Kreuzabnahme auf dem freien Kunstmarkt zum Verkauf angeboten werden. Dazu kam es nicht. Vom Landratsamt Günzburg und dem Landesamt für Denkmalpflege wurde der Verkauf untersagt. Schließlich erfolgte der Ankauf durch die Gemeinde Neuburg, den Landkreis Günzburg und den Bezirk Schwaben und das Werk wurde nach einer eingehenden Restaurierung an der Nordwand des Chorraumes in der Neuburger Pfarrkirche aufgestellt, wo es bis heute seinen Platz hat.

Dem Ideal der Zisterzienser folgend liegt im Tal der Schwarzach etwas abgeschieden seit mehr als 800 Jahren das Kloster Oberschönenfeld.

Oberschönenfeld

Das älteste Zisterzienserinnenkloster Deutschlands

Einsam lugt der Kirchturm der Klosterkirche über die Baumwipfel der Streuobstwiesen, die das Kloster Oberschönenfeld umgeben. Mit den Wäldern, Feldern, Wiesen und Fischteichen erinnern sie augenfällig an das zisterziensische Ideal: ein Leben in Bescheidenheit, des Gebets, der Lesung und der Arbeit, das auf den heiligen Benedikt zurückgeht, den Vater des westlichen Mönchtums.

DIE ERSTEN ZISTERZIENSER waren im 11. Jahrhundert eine kleine Gruppe von Benediktinermönchen, die das Ziel hatten, zu den Wurzeln ihrer eigentlichen monastischen Tradition zurückzukehren, da diese in den meisten Klöstern durch Wohlstand, Reichtum und geistlichen Verfall verloren gegangen war. Sie verließen ihr Kloster Molesme und gründeten in einem abgeschiedenen Sumpfgebiet nahe Dijon ein kleines Klösterchen, das den Namen Citeaux trägt, lateinisch Cistercium. Davon leitet sich der spätere Name Zisterzienser ab. Im Gegensatz zu den Benediktinern führte der Abt ein neues Gewand ein: ungebleichten, grauen Stoff, weshalb die Zisterzienser bald „graue Mönche" genannt wurden. Später wurde der Habit weiß, das Skapulier und die Kapuze schwarz. Die Lebensorientierung an der Benediktsregel, der Erwerb des Lebensunterhalts durch eigene Arbeit, der Verzicht auf die Annahme von Schenkungen kultivierter Liegenschaften, um nicht reich zu werden, wie auch die strenge Abgeschiedenheit waren Ideale der frühen Zisterzienser. Das strenge Leben der oft aus wohlhabenden, oft adeligen Familien stammenden Männer aller Altersstufen beeindruckte. Erste Neugründungen in Frankreich erfolgten ab 1113. Der Orden breitet sich rasch aus. 1153 zählte man bereits 343 Zisterzienserklöster in ganz Europa, so auch bereits 1127 das Kloster Ebrach in Franken. Ab 1190 war der Orden dazu bereit, Frauenklöster zuzulassen; schon um 1186 fanden fromme Frauen zusammen, siedelten 1211 über auf das „obere schöne Feld" – das heutige Klostergelände –, um ein Leben in der Nachfolge Christi zu führen.

Die Wirtschaftsgebäude hatten 1971 mit Aufgabe der Landwirtschaft ihren Sinn verloren und verfielen. Der Bezirk Schwaben pachtete die Gebäude, setzte sie behutsam instand, installierte das erfolgreiche Museum Oberschönenfeld und die Schwäbische Galerie. Das Klosterstüble mit Biergarten (Mitte) ist ein beliebtes Ziel im schönen Ensemble des Klosters Oberschönenfeld.

Erstmals wird das Kloster von „Schonenwelt" in einer Urkunde vom 28. August 1248 erwähnt, als Papst Innozenz IV. den Zisterzienserinnen westlich von Augsburg umfassende Ordensprivilegien verlieh. Die Gründungszeit war gekennzeichnet von Beständigkeit, gleichmäßigem Wachstum, verbunden nun mit einer steten Mehrung des Besitzes durch Stiftungen und Zukäufe, um ein solides geistiges und materielles Fundament für das stille Kloster als religiöses Zentrum zu legen. 1340 ließen die Oberschönenfelder Zisterzienserinnen einen klostereigenen Wald bei Violau roden und gründeten dort in Form eines typischen Angerdorfes (siehe Seite 89) den Ort Neumünster. Wie überall in der Region ging auch Oberschönenfeld vom Beginn der Bauernkriege bis zum Ende des Dreißigjährigen Kriegs durch schwere Zeiten. Mehrmals waren die Schwestern zur Flucht gezwungen, verließen das Kloster, gingen sogar drei Jahre nach Schloss Thurnfeld bei Hall in Tirol ins Exil. Damit war das Kloster schweren Verwüstungen preisgegeben. Nach einer letzten, mehrmonatigen Flucht vor raubenden und plündernden Franzosen 1703 begann die Zeit größter Blüte. Die Geisteshaltung des Barock brachte eine neu gefundene Lebensfreude, die neue Baufreudigkeit erfasste auch die Zisterzienserinnen.

SCHLICHTHEIT UND ORDNUNG sind die dem zisterziensischen Geist entsprechenden Wesensmerkmale der außergewöhnlich geschlossenen Architektur des Ensembles. Der Vorarlberger Barockbaumeister Franz Beer II. von Bleichten (1660–1726) wurde nach seinen in der Region bekannten Bauten der Klosterkirche Irsee und Kloster Kaisheim mit dem Neubau des Klosters und der Kirche in Oberschönenfeld beauftragt. 1723 war der Rohbau der Kirche vollendet, als Polier war wohl der älteste Sohn des Baumeisters, Franz Michael Beer (1697–1766), tätig. Als Mitarbeiter darf auch der seit 1716 im nahen Wollishausen ansässige Joseph Dossenberger, Vater des späteren Baumeisters Wettenhausens, angenommen werden. Die Ausgestaltung der Kirche gilt als Werk des späten Augsburger Rokokos: Der in Imst geborene und in Augsburg lebende Joseph Mages (1728–1769) sowie Johann Joseph Anton Huber (1737–1815) griffen Ende der 1760er Jahre Themen aus dem Neuen Testament ebenso auf wie Szenen aus dem Leben des heiligen Bernhard von Clairvaux, der Anfang des 12. Jahrhunderts maßgeblichen Einfluss auf den Zisterzienserorden hatte. Joseph Hartmann (1721–1789) signierte das Altargemälde der Himmelfahrt Mariens, bei der die zwölf Apostel und zwei Frauengestalten um das leere Grab versammelt sind. Sie blicken auf drei Rosen, die in ihrer Farbigkeit an freudenreiche, schmerzhafte und glorreiche Ereignisse im Leben der Gottesmutter erinnern. Die bewegte Stimmung, die von dem Kirchenraum ausgeht, wird verstärkt durch die feingliedrige Ausführung der Altäre, der Kanzel und der Beichtstühle aus der Werkstatt der Brüder Placidus Aegidius und Ignaz Wilhelm Verhelst (1727/29–1778/92). Ein Prager Jesulein, das seit 1754 auf einem Seitenaltar aufgestellt ist, war für lange Jahre viel besuchtes Wallfahrtsziel.

IN EINEM WEITLÄUFIGEN GARTEN liegt von einer hohen Mauer umgeben der Klausurbereich des Klosters. Die 1691 bis 1758 erbauten Wirtschaftsgebäude überstanden als Stadel, Stall, Pfisterei, Bräuhaus, Mühle und Torhaus die Säkularisation und beide Weltkriege. Als in den 1970er Jahren die Landwirtschaft unrentabel wurde, verfielen die Gebäude – der Bezirk sprang ein, pachtete Gebäude und richtete Museum, Galerie und mehr ein – heute ein perfekter Zusammenklang aus Natur, Kultur und Leben.

Kanzel und Hochaltar in der Klosterkirche

Obere Reihe: Altarbild Hartmanns, Orgel (1981) und Deckenfresko Hubers (1769). Unten: beschwingter Putto an der Kanzel

Ottobeuren

Ein Kloster der Superlative

Nicht nur das Alter ist beeindruckend, auch die Dimension: Seit 1250 Jahren versuchen Mönche in Ottobeuren, das benediktinische Ideal zu leben, und schufen eine Anlage, die in ihrer räumlichen Dimension alles in den Schatten stellt, was man im Schwäbischen Barockwinkel kennt. In der Grundrissform eines Kreuzes entstand das heutige Kloster 1711 mit einer Längsachse von 480 Metern in Süd-Nord-Richtung. Die Breitenachse von Ost nach West misst 430 Meter – gewaltige Ausmaße, die dem Kloster Ottobeuren zu dem oft verwendeten Ehrentitel „Schwäbischer Escorial" verhalfen. 55 Jahre dauerten die Bauarbeiten, die begannen, nachdem es Abt Rupert II. Ness 1710 gelungen war, die Reichsunmittelbarkeit des Klosters zurückzuerlangen. Damit hatte dem Stift als eigenständiger Klosterstaat niemand Vorschriften zu machen – außer der Kaiser.
Der Ottobeurer Pater Christoph Vogt (1648–1725) entwarf die Pläne für das neue Kloster, für dessen umfassenden Neubau ganz im Sinne des Barock alles Alte restlos weichen musste. Von 1711 bis 1725 entstand das Klostergeviert, 1724 bis 1731 die Ökonomie, 1739 bis 1741

Die Basilika Ottobeuren wurde 1748 bis 1766 im Wesentlichen nach Plänen des „Stararchitekten" Johann Michael Fischer errichtet.

Das Mittelschiff der Basilika Ottobeuren misst 89 Meter in der Länge. Zwei mal zehn monumentale Marmorsäulen tragen drei majestätische Kuppeln. An den vier Ecken der Vierung steht je ein einem Heiligen geweihter Altar.

Linke Seite:
Der Kreuzaltar mit dem romanischen Gnadenkreuz (um 1220). Dahinter zeigt das Altargemälde den auferstandenen Jesus.

Blick in den Bibliothekssaal, der von Johann Baptist Zimmermann im 18. Jahrhundert stuckiert und mit prächtigen Deckenbildern von Elias Zobel ausgemalt wurde. Heute befinden sich neben 457 Inkunabeln und frühen Drucken rund 15.000 in Schweinsleder gebundene Folianten und mittelalterliche Handschriften in der Bibliothek.

Rechte Seite von oben nach unten: Blick auf den Innenhof der sogenannten Residenz des Klosters, Deckenmalerei und Blick in den Kaisersaal

das Beamtenhaus, die Türme und Mauern der Kirche wuchsen zwischen 1737 und 1766 in den Himmel. Hausarchitekt Pater Christoph Vogt sah für das Kloster ursprünglich eine Kirche im Typus der Kollegienkirche Salzburg vor, ab 1720 bewerben sich für den Kirchenneubau auch Architekten wie Kaspar Radmiller und *Dominikus Zimmermann*. Schließlich wird *Simpert Kraemer*, der zuletzt auch den Klosterbau geleitet hat mit seinen Plänen, die sich stark an der Abteikirche in Weingarten orientiert, zum Architekten der Ottobeurer Basilika bestimmt. Nach dem Tod des ersten Bauherrn Rupert II. Ness entzieht der neue Abt *Kraemer* die Bauleitung und lässt den Münchner Hofarchitekten Joseph Effner (1678–1745) *Kraemers* Pläne überarbeiten. Nach dessen Tod übernimmt ein „Stararchitekt" seiner Zeit im Sommer 1748 den noch in den Fundamenten steckenden Bau: Der führende Münchner Architekt *Johann Michael Fischer* (1692–1766) prägt die heutige Raumwirkung. Er konzipierte die Vierung als Kirchenmittelpunkt und gab ihr anstelle des üblichen Quadrats die Form eines Achtecks. Damit schuf er einen Innenraum, bei dem die barocke Prachtentfaltung nicht schöner sein könnte. Über dem offenen Raum der Vierung greifen Architektur und Malerei in 37 Metern Höhe am Deckengewölbe ineinander. Die Tiroler Maler und Freskanten Johann Jakob Zeiller (1708–1783) und Franz Anton Zeiller (1716–1794) schaffen gemeinsam mit dem Wessobrunner Stuckateur Johann Michael Feuchtmayer (1709–1772), dem Bildhauer und Stuckateur Johann Joseph Christian (1706–1777) für das Chorgestühl, an dem auch Kunstschreiner Martin Hörmann (1688–1782) maßgeblich beteiligt ist, sowie dem Orgelbauer Karl Joseph Riepp (1710–1775) eine einzigartige Harmonie beeindruckender Größe.

GANZ AUF REPRÄSENTATION ausgelegt zeigen sich auch die neun Treppenhäuser, die Bibliothek, 196 Säle und Flure mit rund zwei Kilometern Länge, die sich in überwältigender Ausstattung mit reicher Stuckverzierung, Deckenbildern und Skulpturen in den öffentlich zugänglichen Räumen wie in einer Residenz präsentieren. Der Kaisersaal ist mit seiner künstlerischen Ausgestaltung Ausdruck der engen Bindung des unabhängigen Reichsstifts an den Kaiser als seinen Schutzherrn. Ottobeuren, das als einziges der alten Benediktinerklöster Deutschlands nie ganz aufgegeben war, schaffte es trotz Säkularisation, eine Fülle von Kunstschätzen in der heutigen Abtei zu bewahren. Damit präsentiert sich Kloster Ottobeuren heute wie nach Abschluss der Bauarbeiten im ausgehenden Barock: als Bauwerk von europäischem Rang, mit dem größten Kirchenbau Ostschwabens, der gleichzeitig einer der vornehmsten sei, wie Kunsthistoriker anerkennend festellen.

Roggenburg

Neues Leben in alten Mauern

Seit mehr als 800 Jahren leben und wirken die Prämonstratenser in und um Roggenburg. Nach 180-jähriger Unterbrechung seit der Säkularisation zogen in den 1980er Jahren wieder Chorherren ins Roggenburger Kloster ein.

Üppiger Stuck in Gold und Weiß: Der Innenraum der Stifts- und Pfarrkirche Mariä Himmelfahrt in Roggenburg. Das Kruzifixus am Volksaltar (siehe auch Foto Seite 188) ist ein spätgotisches Werk Ulmer Schule, die Figuren der Maria und des Johannes stammen von Christoph Rodt. Das Altarbild der Himmelfahrt Mariens malte Kuen 1754.

Rechts: Efeu-Labyrinth im Klostergarten

DIE GEFRAGTESTEN KÜNSTLER UND BAUMEISTER ihrer Zeit waren tätig, als die Prämonstratenser in Roggenburg beschlossen, ihr vormals romanisch-gotisches Gotteshaus dem Stil der neuen Zeit anzupassen. Das war 1751 und fiel mit der Blütezeit des Schwäbischen Barocks zusammen. Im Jahr darauf vermaß *Simpert Kraemer* den Baugrund, einige Tage später wurde der Grundstein zur neuen Kirche gelegt. Es sollte das letzte Werk *Kraemers* werden, denn ein halbes Jahr nach Baubeginn starb der frühere Baumeister Ottobeurens, der als junger Mann bei seinem Vater in Edelstetten sein Handwerk erlernte, im Alter von 72 Jahren.

NEUER ARCHITEKT wird Kraemers Sohn *Johann Martin Kraemer,* der wie zuvor sein Vater das Maurerhandwerk erlernte und sich bereits mit Aufträgen für die Pfarrkirche St. Martin in Deubach (1740) und St. Michael in Krumbach (1751/52) einen Namen gemacht hatte. *Johann Martin* setzte die anspruchsvollen Pläne seines Vaters meisterhaft um. Das Kirchenschiff weitet sich in Richtung des Chorraums, wo zwei kurze Flügel das schlanke Gebäude erweitern. Dadurch entsteht eine ungewöhnliche Tiefenwirkung, die den Blick auf das große Altarbild *Franz Martin Kuens* lenken. Mit 36 Fresken und sämtlichen Altarbildern schuf *Kuen* den krönenden Abschluss für den Rokokoraum, der wie aus einem Guss geschaffen scheint. Decken und Wände sind mit üppigem Stuck in Gold und Weiß und einer großen Schar von Putten und Engelchen ausgestattet, die vermutlich der in Wessobrunn geborene und nach Augsburg übergesiedelte Künstler Franz Xaver Feuchtmayer (1698–1763/64) geschaffen

hat. In das Gesamtkonzept eingebunden sind auch die kostbaren Werke *Christoph Rodts*, aus dessen Hand die Schmerzhafte Muttergottes und der trauernde Johannes (1628) stammen. Die Figuren schuf *Rodt* mitten im Dreißigjährigen Krieg für einen Kreuzaltar, der jedoch wegen „Wurmstichigkeit" in der neuen Barockkirche nicht mehr aufgestellt wurde. Prachtvoll indes zeigt sich 1761 die Orgel von Georg Friedrich Schmahl aus Ulm (1700–1773), deren Gehäuse vermutlich in Türkheim gefertigt wurde.

EINEN TIEFEN EINSCHNITT brachte die Säkularisation. Im September 1802 besetzte das bayerische Militär das Reichsstift, im selben Jahr wird der Konvent mit 36 Chorherren abgesetzt. Roggenburg, das zu dieser Zeit als bedeutendste und schönste Barockanlage zwischen Neresheim und Ottobeuren galt, verfiel zusehends und verlor schnell seinen Glanz. Ein Teil von *Kuens* Deckengemälde fiel 1845 herunter, woraufhin die Hauptfresken mit wenigen Ausnahmen abgeschlagen wurden. Der Münchner Maler Waldemar Kolmsperger, der zuvor bereits in Neuschwanstein gearbeitet hatte, brachte 1900/01 neubarocke Kompositionen auf und stellte – durchaus gekonnt – die Einheit des Raumes wieder her. Jedoch ist sich die Fachwelt einig: Gegenüber der atmosphärischen Transparenz *Kuen'scher* Kunst bleibt Kolmspergers Werk schwerer und stumpf.

EINEN NEUEN ANFANG machten die Prämonstratenser 180 Jahre nach der Säkularisation im Oktober 1982 mit dem Ziel, das Kloster wieder neu erstehen zu lassen. Das gelang. 1986 wurde Kloster

Die Anbetung der Heiligen Drei Könige: Das Hauptfresko wurde 1901 von Waldemar Kolmsperger neu gemalt (oben). Unten: Die Bilder in der Stifts- und Pfarrkirche Mariä Himmelfahrt sind dem Leben Mariens gewidmet, die im Prämonstratenserorden und speziell bei Abt Lienhardt während der Entstehungszeit besondere Verehrung genoss.

Mit Rokokoaufsätzen passte man das Renaissancegestühl Christoph Rodts der Raumdynamik des 18. Jahrhunderts an.

Roggenburg offiziell wieder errichtet, die Gebäude umfassend saniert, ein Nutzungskonzept für das Klosterareal erstellt. 2001 wurde im westlichen Wirtschaftshof das Haus für Kunst und Kultur eingeweiht. 2002 eröffnete das Bildungszentrum für Familie, Umwelt und Kultur wie auch der Klostergasthof mit Hotel und Klosterladen. Von 2008 bis 2015 dauerte es, bis der desolate Zustand des gesamten Klostergebäudes behoben war und die Wohnsituation des Konvents heutigen Bedürfnissen angepasst war. Anschließend wurden die Außenanlagen neu gestaltet und nach grundlegender Forschung die Terrassengärten auf der Südseite nach historischem, barockem Vorbild angelegt. Es entstanden ein Meditations- und ein Kräutergarten – und ein neues, lebendiges Kloster an dem Ort, der seit 1126 klösterliche Tradition aufweist.

Putten schweben herab, hell und licht erstrahlt die Orgelempore, wo sich Musik und Architektur gegenseitig auf das Schönste ergänzen.

Schießen

Die Santa Maria Maggiore Schwabens

Es war in der zweiten Hälfte des 17. Jahrhunderts, als ein frommer Pater des Roggenburger Klosters nach Rom pilgerte. In einer der vier Papstbasiliken, Santa Maria Maggiore, gleichzeitig die berühmteste Marienkirche Roms, wurde der Ordensmann Zeuge eines Wunders, das ihn nicht mehr loslassen sollte: Nach seiner Heimkehr entdeckte er bei einer Wallfahrt zwischen Krumbach und Mindelheim in Haupeltshofen die Nachbildung jenes Gnadenbilds Marias, vor dem sich in Rom Wundertätiges ereignete. Severin Ott, so hieß der Roggenburger Prämonstratenser, fand keine Ruhe, bis die ihm anvertraute kleine Kirche in Schießen ebenfalls eine solche Kopie beschafft hatte. Am Fest Maria Lichtmess 1681 wurde das Schießener Marienbild geweiht und zur öffentlichen Verehrung ausgestellt – der Beginn der Wallfahrt in dem kleinen Ort nahe Roggenburg.

DER ANDRANG DER WALLFAHRER wurde bald so groß, dass die kleine Dorfkirche rasch einer größeren weichen musste. Roggenburgs Abt Adalbert Rauscher ließ die neue Wallfahrtskirche 1681 bis 1686 erbauen, und das Gnadenbild „Maria Major“ – nach der Gründungslegende von Santa Maria Maggiore wird der Bildtypus auch „Maria Schnee“ genannt – stellt seither im Zentrum des Hochaltars den unbestrittenen Mittelpunkt dar. Aufgrund des regen

Blick auf die Emporen (oben) und zum Chor mit dem Gnadenbild (rechte Seite). Imposante Stuckfiguren halten die Brüstung der ersten Empore (unten).

Wallfahrtsbetriebs fanden im Abstand von 50 Jahren zwei umfassende Umgestaltungen des Rauminneren statt: 1720/21 zog die prächtige Stuckausstattung ein, die vielleicht von dem aus Como stammenden Gaspare Mola gefertigt wurde. 1779 bis 1781 übernahm *Konrad Huber*, ein Schüler und der spätere Nachfolger *Franz Martin Kuens*, die frühklassizistische Ausmalung mit Motiven zur Geschichte des römischen Gnadenbildes und berühmten Heldinnen aus dem Alten Testament, die als Tugendvorbilder Mariens galten.

IN RUHIGEM ERZÄHLSTIL zeigen Hubers Gemälde wie kleine Theaterszenen mit liebevollen Details ihre besondere Qualität in der 44 Meter langen und fast 15 Meter breiten Schießener Kirche, deren relativ einfacher architektonischer Plan aus dem Frühbarock

1720 zog die prachtvolle Stuckausstattung eines italienischen Künstlers ein, um 1780 erhielt die Kirche ihre heutige Ausmalung – der Übergang vom Barock zum Klassizismus ist in der Formensprache bereits sehr deutlich erkennbar.

noch viele Merkmale der sogenannten Vorarlberger Schule aufweist, der man auch in Wettenhausen und Edelstetten begegnet. Als Baumeister der Schießener Pfarr- und Wallfahrtskirche Mariä Geburt gilt Johann Schmuzer (1642–1701) oder der Günzburger *Valerian Brenner* (1652–1715), der sich später auch als Baumeister der Wallfahrtskirche in Biberbach, der Pfarrkirche in Kleinkötz oder des Burgauer Rathauses auszeichnen sollte.

FAST VOLLSTÄNDIG IN VERGESSENHEIT geriet die blühende Schießener Wallfahrt, nachdem das Reichsstift Roggenburg 1802 aufgehoben wurde. 1805 wurde Schießen eine eigene Pfarrei, die seit dem Wiedereinzug der Chorherren in Roggenburg seit 1984 wieder von der dortigen Patres betreut wird.

Szenen irdischer Ereignisse arrangierte Konrad Huber wie kleine Theaterszenen (rechts). Das Deckengemälde im Chorraum zeigt Papst Gregor im Gebet vor dem Gnadenbild. Rechte Seite: Die Schießener Kopie des Gnadenbilds in der römischen Papstbasilika.

Ursberg

Der Barock und die Nähe zum Tod

Innerhalb nur weniger Jahre zu Beginn des 12. Jahrhunderts wurden im Zentrum Mittelschwabens vier Klöster gegründet: Edelstetten, Roggenburg, Wettenhausen und 1125, als erstes der vier, Ursberg. Der Graf von Schwabegg und Balzhausen stiftete das Kloster und in Ursberg zogen erstmals Prämonstratenser im süddeutschen Raum ein, die auf den Ordensgründer Norbert von Xanten (1080–1134) zurückgehen. Als Hofkaplan von Kaiser Heinrich V. wendet er sich von diesem ab, wird Eremit, Wander- und Bußprediger. Im nordfranzösischen Waldtal von Prémontré gründet er die Keimzelle des Ordens, kommt später auf dem Weg nach Rom auch nach Ursberg und setzt den ersten Propst ein. Wohl durch persönliche Vermittlung des Ordensstifters wurde Ursberg Prämonstratenserkloster.

ZUR GRÜNDUNG WAR URSBERG EIN DOPPELKLOSTER, bei dem neben dem Männerkloster auch ein Frauenkonvent eingerichtet wurde. Dieser hatte wohl bis ins 13./14. Jahrhundert Bestand, auch

1803 wurde Kloster Ursberg aufgelöst, die Kirche wurde Pfarrkirche. Dominikus Ringeisen gründete die St. Josefskongregation Ursberg, die seit 1897 zum Wohle der Menschen mit Behinderungen wirken.

wenn es nach einem Brand 1142 dazu keine Aufzeichnungen mehr gegeben hatte. 1143 stellte König Konrad III. das Kloster unter besonderen Schutz des Reiches, weshalb sich Ursberg gern als Reichsabtei bezeichnete – auch wenn Reichsunmittelbarkeit erst 1775 erreicht wurde. Damals erwarb das Kloster von den Fuggern das Dorf Tiefenried, in dem es auch die Gerichtsbarkeit ausübte.

KLOSTERGRÜNDUNGEN in Roggenburg, Osterhofen (Niederbayern), Schäftlarn (bei München) und Neustift (Freising) gingen von Ursberg aus, das rund 100 Jahre nach seiner Gründung bereits neun Pfarrkirchen, ein Weingut und 38 Güter zwischen Kaufbeuren und Drackenstein (Schwäbische Alb) besaß. Später kaufte der Ursberger Abt den Herren von Aichelberg das Krumbad mit Lechsenried ab, bevor Ende des 15. Jahrhunderts ein als „anmaßend, prachtliebend und stolz" beschriebener Abt das Kloster ruinierte. Den verbliebenen Rest erledigte der Bauernkrieg 1525: Gebäude wurden geplündert, angezündet und die Kirche verwüstet. Der Abt flüchtete nach Schäftlarn und im Kloster, mittlerweile dem protestantischen Ulm unterstellt, wurden katholische Gottesdienste abgeschafft.

ALS ZWEITER GRÜNDER URSBERGS gilt Abt Thomas Mang, der 47 Jahre dem Kloster vorstand, es wieder dem katholischen Glauben zuführte und auch wieder Reichsschutz erwirkte, diesmal ab 1548 kaiserlich-habsburgischen. Als „hinfälliges Gut" wird das Kloster nach dem Dreißigjährigen Krieg beschrieben – und abermals aufgebaut, nun in der Form, wie sich Ursberg heute zeigt. Der Oberrohrer Maurermeister Christoph Weigel beseitigte die schweren Zerstörungen und setzte das achteckige Oberteil

Zwei schelmische Putti an der Kanzel tragen als Kopfbedeckung die Tiara des Papstes und die Kopfbedeckung des Hohenpriesters als Symbol für das Alte und das Neue Testament.
Mitte: Die romanische Kreuzigungsgruppe von 1230 zählt zu den wertvollsten Ausstattungsgegenständen in der Kirche.
Unten: Johann Nepomuk Holzhey (1741–1809) war einer der bedeutendsten Orgelbauer des süddeutschen Barock. Von ihm stammt die noch im Wesentlichen erhaltene Ursberger Orgel.
Linke Seite: Blick vom Klostergarten auf den Kirchturm der einstigen Abteikirche und heutigen Pfarrkirche St. Johannes Evangelist und Petrus

des Turms auf. Die Zwiebel folgte 1654 als Abschluss nach oben. *Joseph Dossenberger* wird die zwischen 1775 und 1778 vorgenommene Barockisierung zugeschrieben, die die Gestaltung der Raumschale durch Fresken, Kanzel, Orgel, Gestühl, Seitenaltäre und einen neuen Kreuzaltar umfasste. Das wertvollste Ausstattungsstück der Kirche ist eine romanische Kreuzigungsgruppe mit überlebensgroßen Figuren, die Propst Konrad von Lichtenau 1230 in Auftrag gab. Die Skulpturen, die heute eingerahmt von einer goldenen Umfassung hoch über den Kirchenbesuchern hängen, wurden früher als wundertätig verehrt: Mit ungetauft gestorbenen Kindern kamen Eltern, die auf die Taufe hofften, sofern das Kind im Angesicht des Kreuzes ein Lebenszeichen geben sollte.

AUCH WENN DIE LEBENSFREUDE Ausdruck des Barock war – an die Nähe zum Tod erinnern die beiden Seitenaltäre mit den Reliquien des Heiligen Candidus und der Heiligen Caritas. Bei der Ausgestaltung der Kirche Ende des 18. Jahrhunderts wurde bis auf zwei pausbackige Putten an der Kanzel auf reichen Stuck verzichtet – nicht, weil man sparen wollte, sondern weil sich der Zeitgeschmack im ausgehenden Barock bereits gewandelt hatte. Die Deckenfresken malte im Wesentlichen 1776/77 der Krumbacher Maler Jakob Fröschle (1742–1782). Der Hochaltar entstand 1733 noch im barocken Stil und wurde vom Bildhauer Johann Pflaum (um 1700–1758) und Schreiner Johann Wagner (um 1680–1746) geschaffen, beide aus Münsterhausen. Die Holzhey-Orgel (1776) ist bis heute im Wesentlichen erhalten geblieben.

Links und rechts des barocken Hochaltars von 1733: die Kirchenpatrone Apostel Petrus und Johannes. Rechts: Memento mori – der heilige Leib der Caritas

Violau

Wallfahrt in die Au der Veilchen

Hier enden die Straßen, dahinter liegen nur Wald und Felder: Die von der Welt abgewandte Lage, umgeben von Natur, erinnert an die Abgeschiedenheit der Orte, welche die Zisterzienser für die Gründung ihrer Klöster bewusst gewählt haben. Genau dieser Orden ist es auch, dem Violau den wichtigsten Teil seiner Geschichte verdankt. Diese scheint bereits sehr früh im 12./13. Jahrhundert begonnen zu haben und liegt weitgehend im Dunkeln, auch wenn selbst der Papst mit im Spiel war: Man vermutet in den Resten einer romanischen Säulenbasilika vielleicht sogar eine Klostergründung, da Papst Martin IV. 1281 die Schenkung des Ortes „Heszilinbach bei Munster" von Heinrich Fraß von Wolfsberg an „Bruder Heinrich, Priester vom Orden des hl. Benedikt" bestätigt hat. Doch der Aufbau eines Klosters scheint früh gescheitert zu sein: Bereits 1282 verkaufte wiederum der Herr von Wolfsberg „den Heselbach bei Munstern" an die Zisterzienserinnen von Oberschönenfeld, die zwischen 1262 und 1313 das gesamte Pfarrgebiet (Alten-)Münsters erwarben, den Wald rodeten und dort 1340 den neuen Ort Neumünster gründeten.

Früher in Alleinlage in Wald und Flur, heute umgeben von der kleinen Ortschaft Violau: die Wallfahrtskirche aus dem frühen 17. Jahrhundert

Im Fresko über der Orgelampore werden Symbole geistlicher und irdischer Segensfülle über Kloster Oberschönenfeld ausgeschüttet. Unten die prachtvolle Kanzel.

In diese Zeit des Übergangs an das Kloster Oberschönenfeld dürfte auch die Entwicklung der Wallfahrt gestanden haben. Es wird vermutet, dass die Ordensschwestern hier ein Vesperbild aufgestellt haben, das in Zeiten von Hungersnöten, Kriegswirren und Krankheit zu Rast und Kraftschöpfen einlud.

DER NEUE NAME „VIOLAU“ anstelle von „Heszilinbach“ setzte sich noch vor der ersten urkundlichen Erwähnung 1346 schnell durch. Violau bedeutet „Veilchenau“ und beschreibt einen der Titel für die Gottesmutter: „Viola Clementiae“, Veilchen der Milde und Güte. Die Marienwallfahrt ist 1466 verbürgt, auch wenn die Kapelle Violau wohl sehr heruntergekommen gewesen sein muss, wie die Klosterchronik in Oberschönenfeld festhält. Im 16. Jahrhundert blüht die Wallfahrt auf: Ab 1555 führen Prozessionen aus Augsburg nach Violau, um in den harten Zeiten der Pest

und der Not der Türkenkriege um Fürsprache Mariens zu bitten. Ende des 16. Jahrhunderts ließ Äbtissin Barbara Elchinger die Violauer Kapelle mit einer neuen Täferdecke ausstatten und zwei Nebenaltäre aufstellen, bevor die Kirche 1617 komplett neu erbaut wurde. Die Augsburger Maurermeister David Höbel, dessen Bruder Georg wie auch Zimmermeister Jeremias Negelin errichteten erst den Chor, 1619 das Langhaus und setzten 1625 auf den romanischen Unterteil des Turms einen barocken Aufbau.

1688, IN DER BLÜTEZEIT DER WALLFAHRT, kam das noch heute verehrte Gnadenbild nach Violau. Es wurde dem Gnadenbild aus der Zeit um 1600 nachempfunden, das im Dreißigjährigen Krieg vergraben und dann unbrauchbar wieder aufgefunden wurde. Heute ist die Schmerzhafte Muttergottes, umrahmt von einem klassizistischen Gehäuse, Mittelpunkt der Pilger in einem der Seitenaltäre. Der Künstler ist nicht bekannt.

EIN GESCHNITZTES BAROCKPORTAL schließt sich dem Durchgang durch das Pfarrhaus an und führt in den herrlichen Kirchenraum, wo der Blick sofort auf die ungewöhnlichen, in Blau gehaltenen Säulen des Hochaltars fallen. Die hochbarocke Farbgebung beruft sich auf den Namen: Violau, Veilchenau. Nicht das sonst typische Altarbild bestimmt den Hochaltar, sondern eine plastische Kreuzigungsgruppe um 1750, die vermutlich auf *Johann Michael Fischer* zurückgehen könnte. Das seitliche Chorgestühl von 1699 wird flankiert von lebensgroßen Figuren der heiligen Barbara und der heiligen Katharina (1740). Die farbenfrohe Kanzel von 1686 ist das barocke Werk eines unbekannten Meisters und prächtig geschmückt mit Allegorien der Kirche und Symbolen der Rechtgläubigkeit und des Sieges über Unglauben und Irrlehre, Figuren der vier Evangelisten und von Johannes dem Täufer. Im Gnadenaltar mit der Kreuzabnahme Christi ist ein Meisterwerk *Johann Georg Bergmüllers* zu sehen, der damit 1729 Rubens kopiert hat – eine Arbeit, die der Türkheimer Künstler auch an anderen Stellen wiederholt hat. Die beiden Rokokoaltäre *Fischers* 1760/63 wirken in ihrer Lebendigkeit meisterhaft und schaffen mit ihrem schlanken Zug in die Höhe die Verbindung zu den Deckenbildern, mit denen der „Neuling" Johann Georg Dieffenbrunner (1718–1785) aus Mittenwald einen nie mehr erreichten Höhepunkt seines Schaffens erreichte. Die Fresken sind inspiriert von der Frömmigkeit des heiligen Bernhard von Clairvaux, dem Begründer der Zisterzienser, und stellen Maria in den Mittelpunkt, die als „Trösterin der Betrübten" und „Mittlerin aller Gnaden" das große Deckengemälde dominiert. Die Stuckarbeiten führte Franz Xaver Feuchtmayer (1698–1763/64) aus, der ältere der berühmten Wessobrunner Brüder.

Das Blau zieht die Blicke auf sich: Die hochbarocke Farbgebung bezieht sich auf die Farbe der Veilchen, aus deren Name sich Violau ableitet.

Linke Seite von oben nach unten: Gotisches Vortragskreuz, um 1510/20

Am Josefsaltar befindet sich das Johanneshaupt aus der spätesten Gotik um 1550. Besonders Menschen mit Kopfkrankheiten suchen die Fürsprache des Heiligen Johannes des Täufers.

Umgeben von einem Strahlenkranz ist das Vesperbild von 1688.

Mit seinen Fresken in Violau erreichte der Mittenwalder Künstler Johann Georg Dieffenbrunner in den Jahren 1751 bis 1754 eine Meisterschaft, die in seinem späteren Schaffen unerreicht bleiben sollte, hier das große Deckengemälde im Mittelschiff. Es zeigt Maria als „Trösterin der Betrübten" und „Mittlerin aller Gnaden"

Der mächtige Hochaltar ist ein Werk eines unbekannten Künstlers um 1689/1705. Bei einer Kirchenrenovierung 1958/62 wurde die hochbarocke Farbgebung mit kräftigem Blau wiederhergestellt, das den Ortsnamen ins Gedächtnis ruft.

Wettenhausen

Ein Kloster im Aufbruch

Reste des romanischen Mauerwerks sind die älteste Architektur, die im Landkreis Günzburg zu finden ist. Sie weisen zurück auf die Gründung durch die Augustinerchorherren, die der Überlieferung nach das Jahr 982 angibt, jedoch erst 1130 belegt ist. Augsburgs Bischof Hermann (1096–1133) bestätigt, dass Herrin Gertrud mit ihren Söhnen Werner und Konrad, mit hoher Wahrscheinlichkeit dem ritterlichen Geschlecht derer von Roggenstein angehörig, den Ort Wettenhausen der Domkirche zu Augsburg gestiftet habe. Die Roggensteiner lebten auf einer Höhenburg, auf dem sich heute der Wettenhauser Kalvarienberg befindet – und erhofften sich durch die Stiftung Seelenheil. Augsburger Priester ließen sich im abgelegenen Wettenhausen nieder, um hier nach den Regeln des heiligen Augustinus ein gemeinschaftliches Leben führen zu können.

DIE AUGUSTINERCHORHERREN bauten durch Schenkungen und Käufe das Kloster stetig aus, unterstanden jedoch der Markgrafschaft Burgau, die österreichisch-habsburgischer Landesbesitz

Harmonie von Kultur und Natur: Kloster Wettenhausen liegt im unteren Tal des Flüsschens Kammel.

Der sogenannte Schaffner-Altar stellt die 15 Lobpreisungen des Rosenkranzgebets dar. Der Seitenaltar ist ein Marienaltar und ist datiert auf das Jahr 1524.

war. 1387 verlieh die Habsburger Herrschaft den Chorherren die niedere Gerichtsbarkeit – der Beginn der politischen Geschichte des Stifts, das 1566 Reichsunmittelbarkeit erlangte und den Status eines geistlichen Fürstentums erhielt, das nur dem Kaiser unterstand. Wie andernorts in der Region auch, wechselten die guten Zeiten häufig mit den schlechten ab: Zwar kamen die Wettenhauser Chorherren durch kluges Vorgehen fast unbeschadet durch den Bauernkrieg, der Dreißigjährige Krieg jedoch brachte auch in Wettenhausen das Kloster an den Rand des Untergangs.

AUS GRÖSSTER NOT führte Dionys von Rehlingen in seiner Amtszeit das Kloster zur höchsten Blüte. Der Prälat – seit 1575 führten die Pröpste diesen Titel und herrschten phasenweise über 5.400 Untertanen – wurde 1658 vom Konvent an die Spitze gewählt und sollte 34 Amtsjahre wirken. Er belebte das religiöse Leben im Konvent, baute die Wirtschaft im Herrschaftsbereich wieder auf, verlieh dem Stift durch die umfangreichen Bautätigkeiten an Kirche und Konventsgebäuden das Bild seiner heutigen Erscheinung. Er beauftragte *Michael Thumb* (um 1640–1690) aus Vorarlberg 1671 mit dem Neubau der Klosterkirche, für die er den gotischen Chor übernahm und daran ein Langhaus anschloss. Die Einheit des Raums gelang Thumb durch das wuchtige Tonnengewölbe, das Wessobrunner Stuckateure mit Namen Vogel, Gigl und Brix reich verzierten. Im Zusammenspiel mit den prunkvollen, in Schwarz und Gold gehaltenen Altären der frühbarocken Ausstattung entstand eine getragene, feierliche Stimmung im

Kirchenraum, noch weitab jener leicht anmutenden Farbigkeit einer Günzburger Frauenkirche 60 Jahre später. Noch herrscht die gerade Linienführung aus der vorangegangenen Stilepoche der Renaissance vor, in die sich Hochaltar und Seitenaltäre eingliedern. Auch die überbordende Ausgestaltung der Kanzel mit Formen und Figuren ordnet sich diesem Raster unter, auch wenn kein Kirchenbesucher dieses Werk eines unbekannten Bildhauers übersehen wird. Jedes Fleckchen der Kanzel ist mit von Blattgold überzogenen Schnitzereien dekoriert. Geschnitzte Rokokobeichtstühle aus Eiche sind verziert mit Bildern von *Johann Baptist Enderle*, dem im Raum Günzburg hochrenommierten Maler seiner Zeit. Die Barockorgel auf der Empore von Orgelbauer Paul Prescher (1628–1695) aus Nördlingen stammt aus der Zeit des 17. Jahrhunderts. Ein weiterer Höhepunkt im

Streng gegliederte Pracht in eleganten Weiß-, Schwarz- und Goldtönen: Das Kirchenschiff der ehemaligen Klosterkirche und heutigen Pfarrkirche Mariä Himmelfahrt entstand in der Übergangszeit der Renaissance zum Frühbarock. Links: Ein „Prager Jesulein" in der Kirche zeigt die Verehrung des Salvator mundi, des Weltenherrschers, in Kindsgestalt.

Kirchenraum ist der bereits 1524 nach Wettenhausen gelieferte Schaffneraltar – der als mittlerer Teil eines ausladenden gotischen Flügelaltars die Zeit bis heute überdauert hat.

DER KAISERSAAL ist einer der klösterlichen Repräsentationsräume und gleichzeitig ein Prunkstück zur Ehre der österreichischen Krone. Hans Jörg Brix stuckierte die 308 Quadratmeter Fläche prachtvoll mit Akanthusranken, Rosen und Engeln, die wiederum elf Gemälde im Stuckrahmen umgeben, die allesamt den Tugenden der „Dame Österreich" höchstes Lob preisen und

Der Kaisersaal huldigt dem österreichischen Herrscherhaus, symbolisiert durch die gekrönte „Dame Austria". Unten: kostbarer spätgotischer Jesus auf dem Palmesel (Hans Multscher um 1400–1467, Ulm).

20 Gehminuten vom Kloster erreicht man den Kalvarienberg. Er entstand 1852/53 mit 15 Stationen auf der Anhöhe der vormaligen Roggensteiner Höhenburg.

sicher auch der Diplomatie zum Herrscherhaus geschuldet waren, unter dessen Schutz Wettenhausen stand.

DAS ENDE DER CHORHERREN in Wettenhausen kam mit der Säkularisierung 1802, als das Kloster in den Besitz des bayerischen Staats überging. 60 Jahre später sollte sich das Blatt nochmals wenden: Das Augsburger Dominikanerinnenkloster St. Ursula erwarb den Besitz als weibliche Erziehungsanstalt. Bald wurde Wettenhausen selbstständiges Mutterhaus, das ab 1865 baulich vieles veränderte und Wettenhausen wahrhaft wieder belebte – heute mehr denn je. Mit einem zuletzt entwickelten Zukunftskonzept, neuem Museum und der Finanzierung neuer Baumaßnahmen ist Wettenhausen in den 2020er Jahren mehr denn je wieder ein Kloster im Aufbruch.

Winzer

Ein Pfarrhaus mit barockem Flair

Gegenüber der höchstgelegenen Pfarrkirche im Dekanat Krumbach steht das barocke Pfarrhaus an der Hauptstraße. Pfarrer und Kämmerer Franz Xaver Freiherr von Handl ließ es als zweigeschossigen Bau mit Satteldach 1730/31 errichten und 1747 erweitern. Eine mit Bandelwerk geschmückte Spiegeldecke, Lambrequins im Herrgottswinkel und Stuckrahmendecken vermitteln im Haus barockes Flair. Die barocken Fenster sind nahezu erhalten. Mit vier zu fünf Fensterachsen öffnet sich die Langseite des Gebäudes in Richtung Garten. Aus dem zweiten Viertel des 19. Jahrhunderts stammt vermutlich das Gartenhaus, der quadratische Gartenpavillon wahrscheinlich aus dem zweiten Viertel des 18. Jahrhunderts.

Witzighausen

Unerschöpflich reiches Zusammenspiel

Über den Höhenzug zwischen der Roth und der Iller erhebt sich der schlanke, spitzbehaubte Turm der Witzighausener Kirche Mariä Geburt. Früh war sie Ziel der Wallfahrer zu Ehren der heiligen Jungfrau, deren Gnadenbild früher fälschlich *Christoph Rodt* zugeschrieben wurde. Ganz im Sinne des Barock entschied man in den 1730er Jahren, anstelle der kleinen gotischen Kirche ein neues, prächtiges Haus Gottes zu bauen. Mit dem Chor wurde 1733 begonnen, 1738 legte Baumeister Christian Wiedemann (1678–1739) den Grundstein für den Neubau der ganzen Kirche vor, einschließlich des Chors. 1740 war die Kirche fertig. 15 Wochen war der Augsburger Asam-Schüler Christoph Thomas Scheffler (1699–1756), auf dem Höhepunkt seines Schaffens, mit den Fresken beschäftigt, der kunstfertige Wessobrunner Stuckateur Gottlieb Finsterwalder mehr als 13 Wochen. Die Kirche besticht durch die eigenwillige Raumordnung Wiedemanns und das unerschöpflich reiche Zusammenspiel von Malerei, Stuck und Ausstattung. Im Hochaltar mit barocker Lichtsymbolik konzentriert sich der Blick auf das Gnadenbild, in den Nebenaltären auf die Bilder *Konrad Hubers*. Die Witzighauser Kirche zählt zu den prachtvollsten Barockbauten im Landkreis Neu-Ulm.

Die Witzighauser Pfarr- und Wallfahrtskirche Mariä Geburt zählt zu den prächtigsten Rokokokirchen in der Region. Der markante obere Teil des Turmes mit spitzer Haube wurde allerdings erst 1859 aufgesetzt.

QVATVOR SAECVLIS
MIRACVLIS GLORIOSA

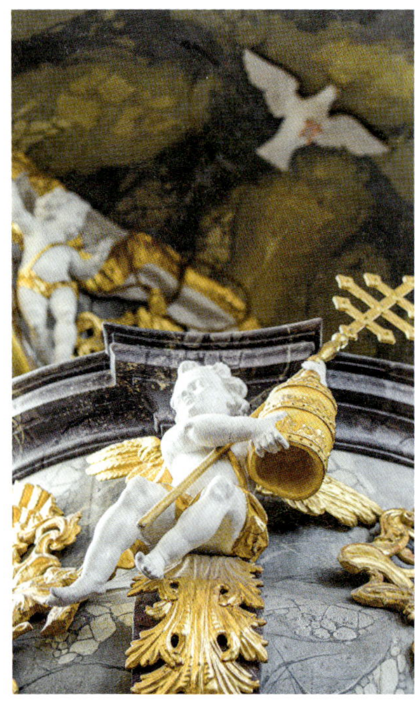

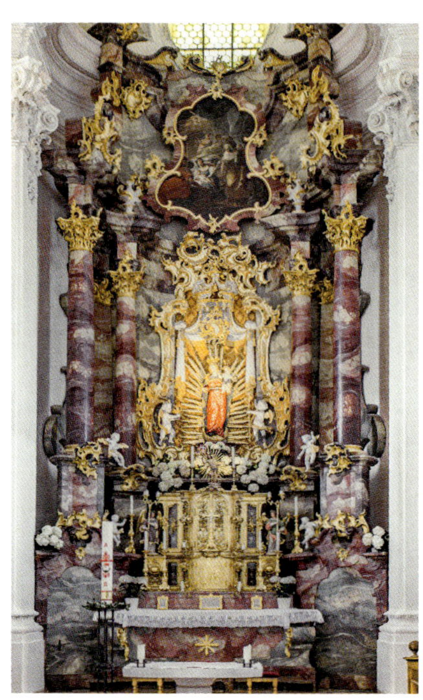

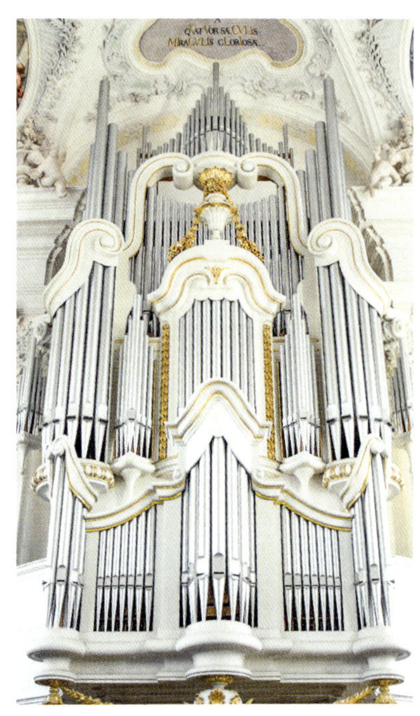

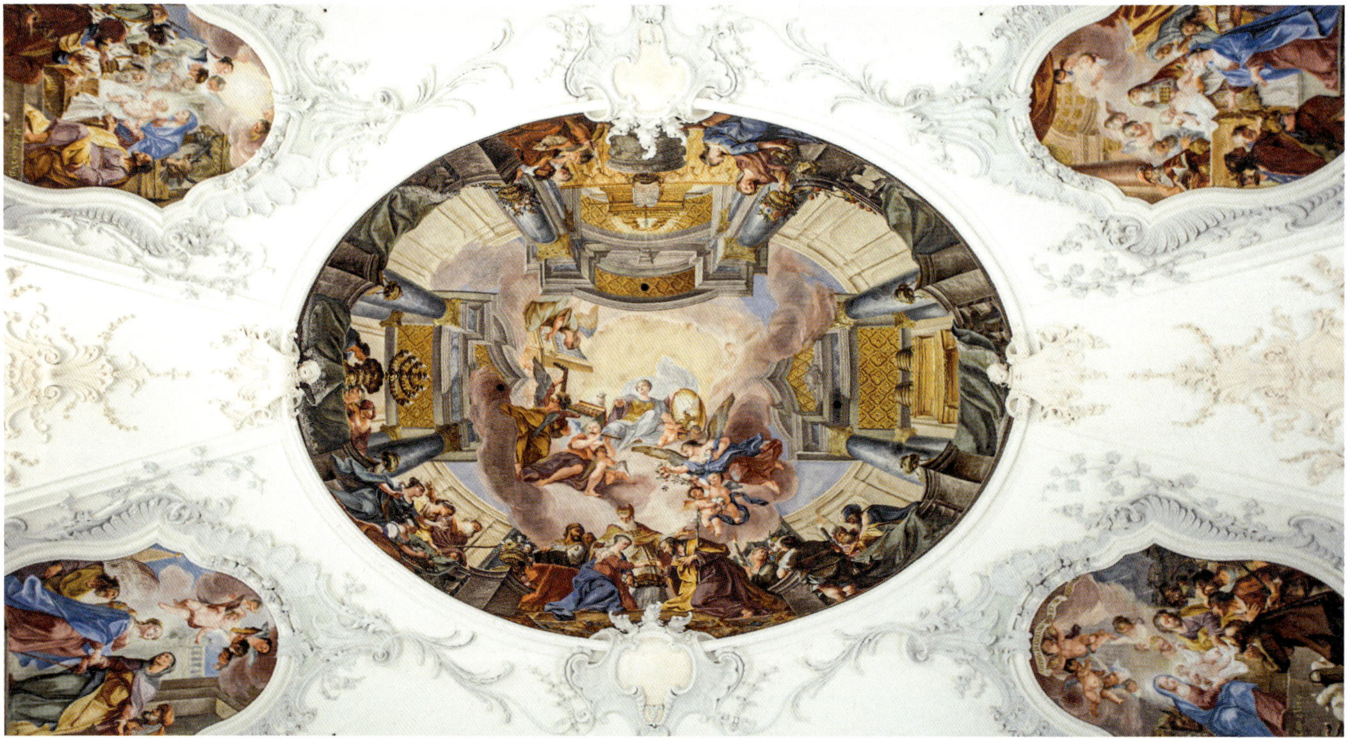

Der Ambrosiusputto am Kanzelkorb zeigt Zeichen lateinischer Kirchenväter ebenso wie weitere Putti (siehe linke Seite oben).

Obere Reihe, Mitte: Der rot marmorierte Hochaltar mit dem Gnadenbild und Lichtsymbolik

Obere Reihe rechts: Blick auf Orgel

Unten: Das Kuppelgemälde Schefflers zeigt im Zentrum die Vermählung Maria und Josefs sowie die Kindheitsgeschichte Jesu in weiteren acht Motiven.

Ziemetshausen

31 Schuh an Höhe fehlen

Es scheint eine typisch schwäbische Eigenschaft zu sein, die dem Ziemetshausener Kirchturm zu seinem heutigen gedrungenen Aussehen verhalf: Sparsamkeit. Der ursprüngliche Kirchturm, der 1687 einen neuen Glockenstuhl und ein neues Dach erhielt, wurde 1836 wegen Baufälligkeit abgetragen. 1847 begann der Neubau. Der Königliche Bauconducteur F. Feneberg aus Augsburg hatte die Pläne gemacht. Martin Leitenmeier, Maurermeister aus Ziemetshausen, übernahm die Ausführung. Doch Leitenmeier hatte sich bei seinem Kostenvoranschlag verkalkuliert – und baute den Kirchturm schlicht und einfach um 31 Schuh niedriger als geplant.

DIE FEHLENDEN ZEHN METER hätten dem Turm sicher gestanden, zumal das Kircheninnere eine Augenweide ist, die man von außen nicht vermuten würde. Das barocke Kleinod wurde 1686 bis 1694 vom Wessobrunner Meister Johann Schmuzer (1642–1701) errichtet und im unverkennbaren Wessobrunner Stil stuckiert. *Franz Martin Kuen* sorgte für die Freskos der damaligen Ausstattung, die jedoch im 19. Jahrhundert verloren gingen.

Mit gedrungenem Turm von außen unscheinbar, innen ein kostbares Kleinod: Pfarrkirche St. Peter und Paul in Ziemetshausen

Frühbarock und reicher Wessobrunner Stuck. Links: Chorfresko „Herabkunft des Heiligen Geistes“ von Guggenberger. Unten: barocke Apostel im Langhaus

ST. JUDAS THAD

BESONDERE PRACHT zeigen die Kanzel und der Anna-Altar. Die Kanzel, goldverziert von den Symbolen der Evangelisten getragen, fertigten Schreiner Johannes Bergmüller und Bildhauer Martin Beichel 1692 an, beide aus Türkheim stammend. Auf der Spitze steht die Figur des heiligen Michael mit Schwert und Seelenwaage, die den Ernst des Weltgerichts betont. Der Anna-Altar gilt als größte Kostbarkeit unter den Seitenaltären. Dieser „Altar der heiligen Familie" – so lautet die Übersetzung der lateinischen Inschrift – enthält unter anderem eine in Klosterarbeit gefasste Kopie der Reliquie „Schwarze Hand der heiligen Anna" sowie ein kleines Elfenbein-Kruzifix. Die Großmutter Jesu trägt den Heiland auf dem Arm und streckt der mädchenhaften Maria ihre Hand entgegen. Gott Vater, der die Tochter Annas auserwählt hat, Mutter seines Sohnes zu werden, thront über Anna in einem lorbeergerahmten, von Akanthus umgebenen ovalen Feld.

DIE AUSSTATTUNG wurde 200 Jahre nach Fertigstellung der Barockkirche teilweise erneuert. Eine eindrucksvoll gefasste Kreuzigungsgruppe (Kruzifix, Maria, Johannes) des Münchner Bildhauers Leopold Mutter aus dem Jahr 1884 steht im Zentrum des Hochaltars. *Franz Martin Kuens* Fresken sind im 19. Jahrhundert verschwunden und im Chor 1877 durch Fresken vom Franz Guggenberger, im Schiff bereits zwei Jahre zuvor durch Fresken von Franz Xaver Gaßner (1841–1876) ersetzt worden. Original geblieben sind jedoch die Apostelfiguren aus Holz an den Wänden der beiden Seitenschiffe im Langhaus. Wie die Figuren der Kanzel sind sie Werke des Türkheimers Martin Beichel aus der Zeit zwischen 1690 und 1700.

Linke Seite: Die prachtvolle Kanzel von 1692

Rechte Seite, oben: Die Kreuzigungsgruppe des Hochaltars aus dem Jahr 1884.
Unten: Die Landsberger Lorenz Luidl (Bildhauer) und Konrad Harscher (Schreiner) schufen den kostbaren „Altar der heiligen Familie", genannt Anna-Altar.

Nächste Seite: Figuren der Evangelisten zieren die Kanzel, gegenüber an der Wand Apostel.

Anhang

Zeittafel Künstler

*Kurzinformationen zu den im Buch in **kursiver Schreibweise** genannten Künstlern und Baumeistern in chronologischer Sortierung nach Geburtsjahr*

Christoph Rodt (um 1578–1634)
Als bedeutender Künstler zwischen den Epochen der Renaissance und des Barocks gilt der in Neuburg an der Kammel geborene Christoph Rodt, dessen genaues Geburtsdatum nicht bekannt ist. Der 1604 datierte Hochaltar in Illertissen zählt zu den Meisterwerken Rodts, dessen Figuren und Szenen unter anderem in Roggenburg, Elchingen, Mindelaltheim oder Mindelzell zu sehen sind. Die Kreuzabnahme in der Pfarrkirche Neuburgs ist ein beeindruckendes Werk des Bildhauers, der 1634 in Großkötz starb.

Valerian Brenner (1652–1715)
Ende des 17. Jahrhunderts ist Brenner der führende Baumeister-Architekt im Norden des Bistums Augsburg. Der in Au im Bregenzerwald geborene Maurer war Schüler von Michael Thumb (um 1640–1690 aus Vorarlberg, Baumeister von Edelstetten und in Wettenhausen) und wahrscheinlich schon früh in Wettenhausen tätig. Zu seinen Hauptwerken zählt die Wallfahrtskirche in Biberbach, mit der er nach der Wallfahrtskirche in Schießen 1684 betraut wurde. Er baute die Pfarrkirche in Kleinkötz, das Rathaus in Burgau und das Günzburger Schloss um. Brenner lebte lange in Günzburg, wo er auch starb.

Simpert Kraemer (1679–1753)
Ende des 17. Jahrhunderts kam Mang Kraemer als Stuckateur und Maurer aus Weißensee bei Füssen in die Region und arbeitete bis 1706 am Turm des Damenstifts Edelstetten, der als einer der schönsten in der Region gilt. Es gilt als wahrscheinlich, dass Mangs Söhne Simpert, damals 21 Jahre, und Leopold, 16 Jahre, ebenfalls an dem markanten Turm mitarbeiteten. Simpert erlernte den Beruf des Vaters und wurde durch seine Arbeiten in Edelstetten schnell bekannt. Er erhielt Aufträge in Unterbleichen, Pfaffenhausen, Benningen, Hawangen, Ungerhausen, Burtenbach, Scheppach, Pfaffenhausen, Neuburg a. d. Kammel, Edenhausen und Vesperbild und wurde später Baumeister der mächtigen Klosteranlage Ottobeurens, wo er im späten Alter von bereits 57 Jahren seinen bedeutendsten Auftrag erhielt: die Planung und den Bau der Abteikirche Ottobeurens. Im hohen Alter von 72 Jahren wurde er 1752 als Architekt mit der Klosterkirche Roggenburg betraut, starb jedoch kurz nach Baubeginn am 14. Januar 1753 in Edelstetten.

Johann Baptist Zimmermann (1680–1758) & Dominikus Zimmermann (1685–1766)
Mit seinem älteren Bruder Johann Baptist gilt Dominikus Zimmermann als virtuoser Raumschöpfer des Rokoko. Die beiden Wessobrunner Brüder schufen als außerordentlich begabte Stuckateure Meisterwerke des Rokoko, allen voran das gemeinsame Spätwerk, die heutige UNESCO-Welterbestätte, die Wallfahrtskirche Wies. Die Brüder waren zeit ihres Lebens äußerst produktiv. Sie zeigen ihre Kunst 1709/13 in der Kartause Buxheim, später in Ottobeuren, wo Johann Baptist mit seinem Trupp auch 1712 und 1719 ohne den Bruder tätig ist. Neben vielen Engagements in Bayern und im heute württembergischen Schwaben waren sie 1722/23 wieder gemeinsam in Bad Wörishofen tätig, bevor Dominikus nochmals mehrfach in Buxheim arbeitete. 1736 beginnt Dominikus Zimmermann mit dem Bau der Günzburger Frauenkirche, die als Vorläuferbau der weltberühmten Wieskirche gilt. Johann Baptist Zimmermann, der Mitte des 18. Jahrhunderts seinen Lebensmittelpunkt in München hatte, starb 1758 und wurde dort bestattet. Dominikus zog 1755 zur Wies, wo er 1766 starb.

Johann Georg Bergmüller (1688–1762)
Als Sohn eines Altarbauers in Türkheim geboren, erfolgte die Ausbildung Johann Georg Bergmüllers in der väterlichen Werkstatt. Auf Kosten von Herzog Maximilian Philipp von Bayern lernte er später beim Münchner Hofmaler Andreas Wolff Malerei, war 1708/09 am Düsseldorfer Hof tätig, ging anschließend ausgestattet mit Stipendium des Herzogs in die Niederlande und kam 1713 zurück in die Region nach Augsburg, das in dieser Zeit ein Zentrum der Barockmalerei war. Neben prachtvollen Werken in Augsburg, Eichstätt, Donauwörth oder Steingaden ist die Kunst Bergmüllers im Schwäbischen Barockwinkel in Violau und in Ziemetshausen zu sehen.

Johann Michael Fischer (1692–1766)
Zweifellos erarbeitete sich der 1692 in Burglengenfeld/Oberpfalz geborene Fischer seinen Ruf als einer der bedeutendsten Barockbaumeister im Altbayerischen. Und doch ist sein Name untrennbar mit Schwaben verbunden: St. Alexander und Theodor, die Klosterkirche von Ottobeuren, stellt einen besonderen Höhepunkt in Fischers Werk dar, obgleich er, wie öfter in seinem Werk, durch bereits gelegte Fundamente an einen bestimmten, recht konventionellen Grundriss gebunden war. In Violau wird der „gegeißelte Heiland“ (um 1750) Johann Michael Fischer zugeschrieben.

Anton Enderle (1700–1761)
Während das Leben Johann Baptist Enderles gut erforscht ist, weiß man über dessen Onkel Anton wenig. 1741 beginnen seine Arbeiten mit seinem wohl umfangreichsten Werk, der Ausmalung der Günzburger Frauenkirche. Enderle, der im Juni 1700 als jüngstes von zwölf Kindern auf die Welt kam, stammt wie sein Neffe aus Söflingen bei Ulm. Er lernte weder an einer Akademie noch in Italien, sondern orientierte sich als Lehrling heimischer Künstler an seinen Malerkollegen. Daher war Anton Enderle ein einfacher Maler, der keine neuen Maßstäbe setzte, der jedoch durch seine Werke in Günzburg, in Haldenwang, der Heilig-Kreuz-Kirche in Landensberg und Seitenaltargemälde in Autenried und der Günzburger Hofkirche seinen Platz in der Kunstgeschichte des Schwäbischen Barockwinkels fand.

Johann Martin Kraemer (1713–1782)
Am 21. November 1713 wurde Johann Martin als Sohn Simpert Kraemers in Edelstetten geboren und erlernte wie seine Vorväter das Handwerk des Maurers. Als selbstständiger Baumeister errichtet er die Deubacher Kirche und gemeinsam mit dem Vater die Krumbacher Stadtpfarrkirche St. Martin. Nach dem Tod des Vaters übernahm er die Roggenburger Baustelle und schuf eine herrliche Anlage, die als „schwäbisches Melk“ gepriesen wurde. Das Handwerk Simpert und Johann Martin Kraemers sei kaum zu unterscheiden, so eng arbeiteten Vater und Sohn zusammen und so sehr passten sie ihren Stil an. Später baute Johann Martin Kraemer das Mutterkloster Ursberg, dessen Werk noch nicht vollständig erforscht ist. Mit 68 Jahren starb Kraemer im Jahr 1782.

Johann Georg Hitzelberger (1714–1792)
Der in Münsterhausen gebürtige Stuckateur und Baumeister war geprägt von der Wessobrunner Schule, Dominikus Zimmermann und Johann Schmuzer. Mit Joseph Dossenberger war er am Umbau eines Taxis-Schlosses beteiligt, bevor er in Tapfheim sein erstes bedeutendes Bauwerk errichtete. Zwischen 1741 und 1769 wechselte er häufig zwischen der schwäbischen Donau und seiner Heimatregion hin und her. Er baute in den 1740er/50er Jahren in Wörnitzstein, Tapfheim und Wolpertstetten, bevor er 1754 in Maria Vesperbild tätig wurde. Später folgten 1766–68 St. Vitus in Balzhausen und 1769 St. Peter und Paul in Obergessertshausen. Hitzelberger war bis zu seinem Tod 1769 Hofbaumeister in Wallerstein.

Johann Adam Dossenberger (1716–1759)
Wie sein berühmter Bruder wurde Johann Adam in Wollishausen geboren, ging beim Vater in die Lehre und schloss sich dann vermutlich Johann Baptist Zimmermann an, der in den 1720er Jahren in Bad Wörishofen und Buxheim gearbeitet hat. Johann Adam Dossenberger war im Westen Augsburgs tätig. Diskutiert wird eine Urheberschaft der Pfarrkirche in Hochwang, die jedoch überwiegend seinem Bruder zugeschrieben wird.

Franz Martin Kuens 300. Geburtstag wurde gefeiert: In Roggenburg und Weißenhorn wurden Sonderausstellungen gezeigt, der Landkreis Neu-Ulm gab eine Broschüre heraus. Unser Foto zeigt Selbstbildnisse des Meisters auf einer Jubiläumsfahne zur Ausstellung. Zum 250. Todestag des Künstlers 2021 ist im Anton H. Konrad Verlag ein Buch über Franz Martin Kuen erschienen.

Franz Martin Kuen (1719–1771)
wurde in Weißenhorn geboren. Angeregt durch italienische Vorbilder eroberte die barocke Deckenmalerei im 18. Jahrhundert auch die Ausgestaltung in den katholischen Kirchen Süddeutschlands. Kuen gilt als einer der herausragenden Künstler seiner Zeit in der Region. Er war tätig ab 1744 in Wiblingen, Illertissen, Matzenhofen, Attenhofen, Krumbach, Roggenburg, Ritzisried, Attenhausen, Niederhausen, Gannertshofen, Weinried, Aletshausen, Rennertshofen, Erbach, Scheppach und starb 1771 in Linz.

Joseph Dossenberger (1721–1785)
Der Bruder von Johann Adam Dossenberger wurde in Wollishausen geboren, erlernte bei seinem Vater Joseph Dossenberger d. Ä. den Beruf des Maurers und arbeitete mit diesem und seinem Bruder ab 1739 zusammen an der Pfarrkirche in Reinhartshausen. 1748 wurde Joseph Dossenberger Baumeister des Augustiner-Chorherrenstifts Wettenhausen und übte das Amt eines Inspektors und Direktors des Bauwesens der Markgrafschaft Burgau aus. Er war vielgestaltig als Gutachter, Straßenbauer, Innenarchitekt tätig und betrieb einen florierenden Farben-, Eisen- und Baumaterialienhandel.

Nach heutigen Maßstäben wäre Joseph Dossenberger ein „Multi-Unternehmer", der in seinen Lebzeiten einen ausgezeichneten Ruf genoss und dem zahlreiche kirchliche und profane Bauten anvertraut wurden. Stark beeinflusst von Dominikus Zimmermann errichtete und veränderte er mehr als 40 Sakralbauten in Schwaben, darunter in Mindelaltheim, Elchingen, Waldkirch, Autenried, Scheppach, Deisenhausen, die Sommerresidenz der Wettenhauser Pröpste in Großkötz oder die ehemalige vorderösterreichische Kaserne in Günzburg. 1785 starb der führende Landbaumeister Mittelschwabens in Wettenhausen.

Johann Baptist Bergmüller (1724–1785)
Johann Georgs Sohn erlernte in der väterlichen Werkstatt seinen Beruf, war als Maler, Kupferstecher, Grafiker, Kunsthändler und Verleger tätig. In Balzhausen malte er die Chor- und Langhausfresken wie auch die Fresken am Chorbogen und an der Empore. Als bekannte Schüler und Nachfolger Bergmüllers gelten unter anderem Johann Georg Wolcker (1700–1766), Franz Martin Kuen und Johann Baptist Enderle.

Johann Baptist Enderle (1725–1798)
war Neffe Anton Enderles, der in Günzburg Maler war. Bei ihm ging er vermutlich in die Lehre und besuchte später den Akademieunterricht Johann Georg Bergmüllers in Augsburg. Als Geselle arbeitete er beim nur wenig älteren Franz Martin Kuen aus Weißenhorn, der ihn nachhaltig beeinflusste. Kuen arbeitete mit ihm um 1750 zusammen und überließ ihm später Aufträge. Seit 1752 arbeitete er vermutlich mit Dossenberger für das Kloster Wettenhausen – eine Zusammenarbeit, die für viele Jahre ebenso Bestand hatte wie die mit Dossenbergers Bruder Johann Adam. Enderle verdankt viele Aufträge seinem guten Ruf aus Wettenhausen und seinen niedrigen Honorarforderungen. Er arbeitete im Kurfürstentum Mainz und zog nach Donauwörth, wo er 74-jährig starb.

Jakob Fröschle (1742–1782)
Der Krumbacher Maler entwickelte sich, beeinflusst durch Franz Martin Kuen, zu einem der bedeutendsten Freskanten des Rokoko in Mittelschwaben. Die Wallfahrtskirche in Haupeltshofen zählt zu seinen Werken, ebenso die Ausmalung der Klosterkirche in Ursberg. Fröschle orientierte sich an Johann Georg Bergmüller und war ab 1767 als Meister in Krumbach ansässig, wo er 1782 verstarb.

Konrad Huber (1752–1830)
wurde 1752 in Weingarten geboren, arbeitete für Franz Martin Kuen, studierte 1770 bis 1773 an der Kunstakademie Stuttgart, bevor er als 21-Jähriger zurück nach Weißenhorn kam. 1773 übernahm Huber die Werkstatt Kuens, erhielt das Bürgerrecht in Weißenhorn, von wo aus er in Schießen, Oberhausen, Roggenburg, Buch, Wullenstetten, Obenhausen, Rennertshofen, Breitenthal und Ursberg arbeitete. Er starb 1830 hoch angesehen in Weißenhorn.

Quellenverzeichnis

Aichen
Kirchen und Wallfahrtsorte im Dekanat Krumbach, Dekan Ludwig Gschwind, 2009

Aletshausen
Kirchen und Wallfahrtsorte im Dekanat Krumbach, Dekan Ludwig Gschwind, 2009

Allerheiligen
Wallfahrten im Landkreis Günzburg, Schretzenmayr/Weizenegger, 2004
Kirchenführer Wallfahrt Allerheiligen Scheppach, Anton H. Konrad Verlag, 1988

Balzhausen
Kirchenführer Pfarrkirche St. Vitus, Balzhausen, Ludwig Gschwind, 1982
Kirchen und Wallfahrtsorte im Dekanat Krumbach, Dekan Ludwig Gschwind, 2009
Türme, Tore und Brunnen im Landkreis Günzburg, Schretzenmayr/Weizenegger, 2005

Biberbach
Kunstführer Katholische Pfarr- und Wallfahrtskirche St. Jakobus, St. Laurentius und Heiliges Kreuz, Stephanie Justus, Karl Kosel, Walter Pötzl, Heribert Stiegler, Verlag Schnell & Steiner, 1997

Burgau
Burgau, Schwaben: Martina Wenni-Auinger, Buchhandlung Pfob, 2004
Website Stadt Burgau www.burgau.de, Kath. Stadtpfarrkirche Mariä Himmelfahrt Burgau, Kirchenführer Schnell & Steiner Nr. 1791, 1989
Der Landkreis Günzburg, Hans Bosch, Heinrich Lindenmayr, Peter Bauer, 2007
Türme, Tore und Brunnen im Landkreis Günzburg, Schretzenmayr/Weizenegger, 2005
Johann Baptist Enderle – Pius Bieri www.sueddeutscher-barock.ch

Bad Wörishofen
dominikanerinnen.de

Buxheim
Schwaben in Bayern, Hans Frei, Fritz Stettmayer, Kunstverlag Fink, 2016
www.kartause-buxheim.de
Kirchen & Klöster, Frank Eberhard, Presse-Druck und VerlagsGmbH, 2016

Deisenhausen
Kirchenführer Deisenhausen St. Stephan, Anton H. Konrad, Horst Gaiser, Franz Hopfenzitz, Anton H. Konrad Verlag, o. Datum
Kirchen und Wallfahrtsorte im Dekanat Krumbach, Dekan Ludwig Gschwind, 2009
Kuen erfahren – ein Ausflug in die Welt barocker Deckenbilder, Landkreis Neu-Ulm, 2019
Bildstöcke: www.kathpedia.com – Die freiekatholische Enzyklopädie

Deubach
Kirchenführer St. Martin, Ludwig Spengler, 2003
Wallfahrten im Landkreis Günzburg, Schretzenmayr/Weizenegger, 2004

Edelstetten
Türme, Tore und Brunnen im Landkreis Günzburg, Schretzenmayr/Weizenegger, 2005
Kirchenführer Edelstetten Kath. Pfarrkirche, Verlag Schnell & Steiner, 3. Auflage 1998
Der Landkreis Günzburg, Hans Bosch, Heinrich Lindenmayr, Peter Bauer, 2007

Elchingen
Kloster Elchingen 1648–1802/03, Anton Aubele, Anton H. Konrad Verlag, 2020
Kirchenführer Pfarrkirche St. Peter und Paul, Kunstverlag Peda, 2008
Klosterland Bayerisch-Schwaben, Bernhard Brenner, Das ehemalige Reichsstift Elchingen/Oberelchingen, Kunstverlag Fink, 2008

Ettenbeuren
Kirchenführer Mariä Himmelfahrt, Ettenbeuren, Josef Betz, Ettenbeuren/Kammeltal November 1995
Liste der Baudenkmäler des Landkreises Günzburg

Günzburg
donautal-touren.de > Brentanohaus
Rebekka Jakob: Kirchen & Klöster, Presse-Druck und VerlagsGmbH, 2016
Der Landkreis Günzburg, Hans Bosch, Heinrich Lindenmayr, Peter Bauer, 2007
Im schwäbischen Barockwinkel, Schretzenmayr/Weizenegger, 1997
Burgen und Schlösser im Landkreis Günzburg, Schretzenmayr/Weizenegger, 2000
Stadt Günzburg, www.guenzburg.de

Haldenwang
Burgen und Schlösser im Landkreis Günzburg, Schretzenmayr/Weizenegger, 2000
Gde. Haldenwang, haldenwang-hw.de, Dr. Thomas Schieche
erdteilallegorien.univie.ac.at/erdteilallegorien/haldenwang-guenzburg-maria-immaculata, Marion Romberg

Hammerstetten
Im schwäbischen Barockwinkel, Schretzenmayr/Weizenegger, 1997
Kirchenführer Filialkirche Hammerstetten, Pfarrer Albert M. Pröller

Harthausen
Im Schwäbischen Barockwinkel, Schretzenmayr/Weizenegger, 1997
Burgen und Schlösser im Landkreis Günzburg, Schretzenmayr/Weizenegger, 2000
Schlösser, Burgen und Ruinen in Bayerisch-Mittelschwaben. Band 1: Landkreis Günzburg, Werner Freybourg, Selbstverlag, Krumbach 1989

Hochwang
Website Pfarreiengemeinschaft Ichenhausen www.pfarreiengemeinschaft-ichenhausen.de, www.Recordare.de

Holzwinkel
St. Nikolaus, wikiwand.com
Liste der Bodendenkmäler
Dürrlauingen: myheimat Günzburg www.myheimat.de/guenzburg/politik
Waldkirch: erdteilallegorien.univie.ac.at
Der Landkreis Günzburg, Hans Bosch, Heinrich Lindenmayr, Peter Bauer, 2007
Gde. Baiershofen, www.baiershofen.de und Gemeinde Winterbach, www.winterbach.bayern (Anton Kindig: „Rechbergreuthen – Die Geschichte eines Rodungsdorfes im schwäbischen Holzwinkel")

Holzen
Kloster Holzen ein Juwel des schwäbischen Barock, Walter Pötzl, Herbert Immenkötter, Anton H. Konrad Verlag, 2009
Bernt von Hagen: Die ehemalige Benediktinerinnenabtei Holzen, Klosterland Bayerisch-Schwaben, Kunstverlag Fink, 2008
Haus der Bayerischen Geschichte, Klöster in Bayern, www.hdbg.eu/kloster
Website: www.orden-online.de
Website: www.kloster-holzen.de

Ichenhausen
Hans Bosch, Heinrich Lindenmayr, Peter Bauer: Der Landkreis Günzburg, 2007
Schretzenmayr/Weizenegger: Im Schwäbischen Barockwinkel, 1997
Schretzenmayr/Weizenegger: Burgen und Schlösser im Landkreis Günzburg, 2000

Illertissen
Kirchenführer Peda-Kunstführer Nr. 497, Illertissen, St. Martin, 2000
Logopodia, Stadt Illertissen
Geschichte Bayerns, Ortsnamensverzeichnis

Jettingen-Scheppach
Schretzenmayr/Weizenegger: Im Schwäbischen Barockwinkel, 1997
Kirchenführer Wallfahrt Allerheiligen Scheppach, Anton H. Konrad Verlag, Weißenhorn, 1988
Geschichte des Marktes Jettingen-Scheppach, www.jettingen-scheppach.de

Kirchheim
Die Welt der Habsburger, habsburger.net
Sehenswertes, Gemeinde Kirchheim www.kirchheim-schwaben.de
www.fugger-kirchheim.de

Kötz
300 Jahre St. Nikolaus in Kleinkötz, Kunstverlag Fink, 1. Auflage 2013
Kirchenführer Großkötz, St. Peter

und Paul, Heribert Schretzenmayr, Anton H. Konrad Verlag, 2012

Kronburg
www.ausflugsziele-allgaeu.de
www.schloss-kronburg.de

Krumbach
Kirchenführer Krumbach St. Michael, Pfr. Markus Holzheu, Peda-Kunstführer Nr. 215, 2003
Bayerisch-Schwaben, Blickpunkte, Satz- und Grafikpartner, 2003
Kirchen und Wallfahrtsorte im Dekanat Krumbach, Dekan Ludwig Gschwind, 2009
Tore und Brunnen im Landkreis Günzburg, Schretzenmayr/Weizenegger, Türme, 2005
Krumbach-Chronik, Vorderösterreichischer Markt, Bayerisch-Schwäbische Stadt, Band II
Der Landkreis Günzburg, Hans Bosch, Heinrich Lindenmayr, Peter Bauer, 2007
Krumbad: Krumbach – das Herz Mittelschwabens, Wolfgang Strobl, 2003
Heilbad Krumbad, www.krumbad.de

Leipheim
Burgen und Schlösser im Landkreis Günzburg, Schretzenmayr/Weizenegger, 2000
Stadt Leipheim, www.leipheim.de
Der Landkreis Günzburg, Hans Bosch, Heinrich Lindenmayr, Peter Bauer, 2007

Maria Baumgärtle
Kirchenführer Maria Baumgärtle Wallfahrtskirche, Peda-Kunstführer Nr. 147, 1995

Maria Steinbach
Kirchenführer Katholische Pfarr- und Wallfahrtskirche Maria Steinbach, Kunstverlag Fink, 1998
Website: www.sueddeutscher-barock.ch

Maria Vesperbild
Wallfahrten im Landkreis Günzburg, Schretzenmayr/Weizenegger, 2004
Die Wallfahrtskirche Maria Vesperbild, Silke Müller-Hölscher 2011
Kirchen & Klöster, Hans Bosch, Presse-Druck und VerlagsGmbH, 2016
Website: www.vg-ziemetshausen.de

Matzenhofen
Kirchenführer Matzenhofen, Anton H. Konrad Verlag, 2002
Kuen erfahren – ein Ausflug in die Welt barocker Deckenbilder, Landkreis Neu-Ulm, 2019
www.schwabengildematzenhofen.de

Mindelzell
Kirchenführer Pfarr- und Wallfahrtskirche Mindelzell, Ludwig Gschwind, Hannes Oefele Verlag, Ehingen, 2008
Kirchen und Wallfahrtsorte im Dekanat Krumbach, Ludwig Gschwind, 2009
Wallfahrten im Landkreis Günzburg, Schretzenmayr/Weizenegger, 2004

Neuburg a. d. Kammel
Christoph Rodt, Bildhauer zwischen Renaissance und Barock, Georg Hartmetz, Anton H. Konrad Verlag 2019
Kirchenführer Mariä Himmelfahrt in Neuburg an der Kammel, Kath. Pfarramt Neuburg, 2007
Türme, Tore und Brunnen im Landkreis Günzburg, Schretzenmayr/Weizenegger, 2005

Oberschönenfeld
Kirchenführer Zisterzienserinnen-Abteikirche Mariä Himmelfahrt Oberschönenfeld, Verlag Schnell & Steiner, 2015
Klosterland Bayerisch-Schwaben, Michael Ritter, Das Zisterzienserinnenkloster Oberschönenfeld/Landkreis Augsburg, Kunstverlag Fink, 2008
Stift Heiligenkreuz, „Was sind Zisterzienser?“, 2021
Stift-heiligenkreuz.org/geschichte-und-spiritualität

Ottobeuren
Klosterland Bayerisch-Schwaben, Ulrich Faust, Das Kloster Ottobeuren, Kunstverlag Fink, 2008
Kirchen & Klöster, Verena Kaulfersch, Presse-Druck und VerlagsGmbH, 2016
Schwaben in Bayern, Hans Frei, Kunstverlag Fink, 2016
Benediktinerabtei Ottobeuren, P. Rupert Prusinovsky OSB, 7. Auflage 2010, AZ-Druck und Datentechnik

Roggenburg
Das Reichsstift Roggenburg im 18. Jahrhundert, Franz Tuscher, Anton H. Konrad Verlag, 1991
Kirchenführer Prämonstratenserkloster Roggenburg, Anton H. Konrad Verlag, 2015
Kloster Roggenburg – Neues Leben in alten Mauern, Kloster Roggenburg, Kirchen & Klöster, Gerrit R. Ranft, Presse-Druck und VerlagsGmbH, 2016
Klosterland Bayerisch-Schwaben, Wilhelm Liebhard, Das ehemalige Reichsstift Roggenburg, Kunstverlag Fink, 2008

Schießen
Kirchenführer Schnell Kunstführer Nr. 1646, Kath. Pfarr- und Wallfahrtskirche Mariä Geburt Schießen, P. Rainer Rommens O. Praem und Martin Stankowski, 2000
Kuen erfahren – ein Ausflug in die Welt barocker Deckenbilder, Landkreis Neu-Ulm, 2019

Ursberg
Das Reichsstift Ursberg, Alfred Lohmüller, Anton H. Konrad Verlag, 1987
Kirchenführer Ehem. Prämonstratenser-Reichsabtei Ursberg, Monika Soffner, Peda-Kunstführer Nr. 62, 2005
Kirchen und Wallfahrtsorte im Dekanat Krumbach, Dek. Ludwig Gschwind, 2009
Kirchen & Klöster, Stefan Reinbold, Presse-Druck und VerlagsGmbH, 2016
Der Landkreis Günzburg, Hans Bosch, Heinrich Lindenmayr, Peter Bauer, 2007
Klosterland Bayerisch-Schwaben, Georg Kreuzer, Das ehemalige Reichsstift Ursberg, Kunstverlag Fink, 2008

Violau
Kirchenführer der Wallfahrtskirche Violau, Wallfahrtspfarrer Dr. Michael Kreuzer

Wettenhausen
Kloster Wettenhausen, Beiträge aus Geschichte und Gegenwart, Anton H. Konrad Verlag, 1983
Wettenhausen, Sr. Katharina Winbeck O.P, Dr. Gertrud Rank, Kunstverlag Josef Fink, 2011
Wettenhausen – Katholische Pfarrkirche, ehemalige Klosterkirche, Sr. Katharina Winbeck O.P., 2008
Der Landkreis Günzburg, Hans Bosch, Heinrich Lindenmayr, Peter Bauer, 2007
Rebekka Jakob, Kirchen & Klöster, Presse-Druck und VerlagsGmbH, 2016
Klosterland Bayerisch-Schwaben, Bernhard Brenner, Das ehemalige Augustiner-Chorherrenstift Wettenhausen, Kunstverlag Fink, 2008
Im Schwäbischen Barockwinkel, Schretzenmayr/Weizenegger, 1997
Der Kalvarienberg zu Wettenhausen – Gebete und Geschichte einer altehrwürdigen Wallfahrtsstätte, Pfarrer Johannes Kuen, Hans-Günther Atzinger, 2014

Witzighausen
Kirchenführer Witzighausen, Anton H. Konrad Verlag, 1993
Kuen erfahren – ein Ausflug in die Welt barocker Deckenbilder, Landkreis Neu-Ulm

Ziemetshausen
Kirchenführer Katholische Pfarrkirche St. Peter und Paul Ziemetshausen
Kirchen und Wallfahrtsorte im Dekanat Krumbach, Dekan Ludwig Gschwind, 2009

Zeittafel Künstler
Johann Baptist & Dominikus Zimmermann, Virtuose Raumschöpfer des Rokoko, Christine Riedl-Valder, Verlag Pustet, 2017
Franz Martin Kuen, Ein Maler zwischen schwäbischer Frömmigkeit und venezianischer Pracht, Matthias Kunze u.a., Anton H. Konrad Verlag, 2020
Christoph Rodt, Bildhauer zwischen Renaissance und Barock, Georg Hartmetz, Anton H. Konrad Verlag, 2019
und o.g. Kirchenführer
Website: Simpert Kraemer-Gymasium, Krumbach
Website: sueddeutscher-barock.ch
Website: Wikiwand.com

Beim vorliegenden Buch handelt es sich nicht um ein wissenschaftliches Werk im klassischen Sinn. Das Buch sieht seine Aufgabe darin, die Aufmerksamkeit und das Interesse auf bemerkenswerte Bauwerke barocker Kunst in der Region zu lenken, mit dem Ziel, in Wort und Bild die wichtigsten Informationen zum geschichtlichen Hintergrund, zum Bau und zur Ausstattung des jeweiligen Bauwerks zu geben.
Um den allgemein verständlichen Charakter dieses Buches nicht zu beeinträchtigen, hat sich der Autor entschlossen, auf Fußnoten mit einem umfassenden Anmerkungsapparat zu verzichten und die verwendeten Quellen und Literatur dem jeweiligen Kapitel zuzuordnen. Den interessierten Leserinnen und Lesern seien diese weitaus tiefer gehenden, sehr lesenswerten Werke genannt, die jedoch zumeist bereits vor Jahrzehnten erschienen und kaum mehr erhältlich sind, jedoch gegebenenfalls in kommunalen Archiven, öffentlichen Büchereien, Antiquariaten oder in der Deutschen Nationalbibliothek nachgeschlagen werden können.

Über den Autor

WOLFGANG STROBL befasst sich seit 1995 als Texter, Autor und Verleger intensiv mit Themen, die in Mittelschwaben verortet sind. Vor allem auch in seiner redaktionellen Tätigkeit, in der er seit dem Jahr 2000 touristische Themen rund um den Freizeitpark Legoland Deutschland begleiten darf, sind immer auch kulturhistorische Bezüge von großer Bedeutung. Seit 2014 ist der studierte Kommunikationswirt auch Herausgeber und Autor des Magazins *top schwaben*, das sich mit der Kultur, der Geschichte und dem Leben in Bayerisch-Schwaben beschäftigt, mit Schwerpunkt auf das Gebiet zwischen Augsburg, Memmingen, Ulm und Donauwörth.

In langjähriger Tätigkeit in dieser Region ist Wolfgang Strobl nicht selten auch auf das Thema des schwäbischen Barock angesprochen worden, wofür es bislang jedoch lediglich Einzelpublikationen gab, die nicht über den Landkreis Günzburg hinausreichen. Daher konzipierte der Autor dieses Buch *Schwäbischer Barockwinkel – Barocke Pracht in einer Landschaft stiller Schönheit,* um erstmals den Bogen weiter zu spannen und bedeutende Orte, Baugeschichte und beteiligte Künstler für ein interessiertes Publikum vorzustellen. Dafür besuchte und fotografierte er 45 Städte, Klöster, Kirchen und Schlösser, trug aus verschiedensten Quellen Fakten zusammen, um Geschichte und Geschichten informativ aufzubereiten. Damit soll den Menschen aus der Region wie auch Gästen ein umfassender, dennoch unterhaltsamer, reich bebilderter und vor allem allgemein verständlicher Wegweiser an die Hand gegeben werden, um die schönsten Ziele des Barocks in Mittelschwaben zu entdecken und erleben.

Danksagung

EIN BUCH ÜBER KULTURHISTORISCHE ZIELE lebt von Fakten, die im Idealfall spannend erzählt aufbereitet sind. Daher gilt mein besonderer Dank dem früheren Pfarrer von Mindelzell und Balzhausen, Prälat Ludwig Gschwind, für die ebenso lebendigen wie fachkundigen Berichte, für die er zwischen 1986 und 2009 zu den Kirchen im Dekanat Krumbach auch Entlegenes sammelte, das an mancher Stelle in dieses Buch Eingang gefunden hat – ebenso wie die Schriftenreihe der beiden Günzburger Autoren Schretzenmayr und Weizenegger, die zwischen 1997 und 2006 in zehn Ausgaben erschienen ist. Diese Broschürenreihe, in der Günzburgs früherer Stadt- und Kreisheimatpfleger sowie langjähriger Vorsitzender des historischen Vereins Günzburg, Josef Weizenegger (verstorben 2012), mit seinem Co-Autor Heribert Schretzenmayr sich jeweils einem Teilaspekt des Schwäbischen Barockwinkels widmeten, war Initialzündung und wertvolle Arbeitshilfe für dieses Buch.

Besonderer Dank gilt Dr. Christoph Konrad, ohne dessen hervorragendes Netzwerk und Begeisterung für das Projekt dieses Buch vermutlich nicht realisiert worden wäre, ebenso wie auch der Dr. Eugen Liedl Stiftung und Prof. Dr. Hans Frei für die Autoren-Förderung und -Unterstützung.

Großer Dank gilt ebenso meiner Frau Birgit für ihre unerschöpfliche Geduld bei Fotoausflügen in die Region, ebenso für ihre Nachsicht in Hinsicht auf die Vielzahl von Stunden, die in die Text- und Layoutproduktion dieses Buches geflossen sind. Nicht zuletzt danke ich meinem Sohn Simon für ungezählte Tage der Bildbearbeitung und Layoutkorrekturen sowie meiner Mutter Hilde dafür, dass sie mich früh mit Themen des gelebten Glaubens in Verbindung brachte, und meinem Vater Johann für eine von ihm erlernte gewisse Beharrlichkeit, die für ein Projekt wie dieses unabdingbar ist.

Schlussbemerkung

In einer Zeit, in der „Tourismus" noch „Fremdenverkehr" hieß, versuchte der Landkreis Günzburg bereits, sich mit seinen kulturellen Schätzen zu profilieren. 1984 wurde der „Verkehrsverein für den Landkreis Günzburg im Schwäbischen Barockwinkel e. V." ins Leben gerufen, mit dem Ziel, den aufkommenden „Fremdenverkehr im Landkreis Günzburg zu pflegen und zu fördern" – die ersten Schritte waren getan. Erste dünne Broschüren machten den Versuch, den Begriff des *Schwäbischen Barockwinkels* mit Leben zu füllen, blieben jedoch bis in die 1990er Jahre hinein im Ungefähren. So richtig war der Begriff wohl auch für die damaligen Macher nicht greifbar, vor allem auch deshalb, weil die politischen Gegebenheiten der Idee eines wirklich „schwäbischen" Barockwinkels im Wege standen.

Naturgemäß hatte der Verkehrsverein für seine Aufgabe im Landkreis ausschließlich dessen politische Grenzen im Kopf, auch in Hinsicht auf das kulturelle Erbe des Barock. Alle barocken Prachtbauten und Schönheiten außerhalb der eigenen Landkreisgrenzen, darunter Bauwerke von historischem Rang wie Kloster Ottobeuren, waren damit in der Idee des *Schwäbischen Barockwinkels* automatisch außen vor, nur weil sie in den angrenzenden Kreisen Augsburg, Neu-Ulm und Unterallgäu lagen.

Damit kam die Idee des *Schwäbischen Barockwinkels* nicht vorwärts, weil sie sich nicht der Kulturgeschichte der ganzen Region widmete, sondern immer nur den sehr unvollständigen Teilausschnitt bemerkenswerter Barockbauten im Landkreis Günzburg in den Fokus nahm. Dabei mag ein Punkt ein weiteres Hemmnis dargestellt haben, die nun fast 40-jährige Idee kontinuierlich, gezielt und erfolgreich weiterzuentwickeln: Während sich 1994 der Landkreis Günzburg noch als „im Schwäbischen Barockwinkel" liegend bezeichnete, überschrieb der Verkehrsverein Ende der 90er Jahre selbstbewusst eine Werbebroschüre mit „Schwäbischer Barockwinkel – Landkreis Günzburg", nahm den Begriff damit für sich allein in Anspruch und schloss die Nachbarn quasi aus.

Das passte nicht zusammen mit den historischen Gegebenheiten, in der die Protagonisten damaliger Zeit ganz andere politische Grenzen und Herrschaften kannten als wir heute. Es war die Zeit, in der das Habsburger Reich sich als Vorderösterreich bis ins heutige Bayerisch-Schwaben und darüber hinaus erstreckte, die Klöster der Region über umfangreichen Besitz und Ländereien verfügten, Adelsdynastien wie die der Fugger, Vöhlin, Freyberg, Riedheim oder Stauffenberg herrschten und die Grenzen und Herrschaften oft von Ort zu Ort wechselten. Und doch fand ein fruchtbarer Austausch statt, bei dem in einem Austausch von Könnern Großes entstand: Mit denen, die aus den Vorarlberger und Tiroler Gebieten der Habsburger Herrschaft nach dem Ende des Dreißigjährigen Kriegs in der Region angesiedelt wurden, kam wieder Wissen um Baukunst und Handwerk in die Region, das in 30 Jahren Kriegszeit zuvor verloren gegangen war, weil die Weitergabe von Generation zu Generation schlicht nicht mehr möglich und der Landstrich zwischen Augsburg und Ulm praktisch verwaist war.

Es dauerte nach Ende des Dreißigjährigen Krieges 1648 zwei volle Generationen, bis um 1700 wieder heimische Bauhandwerker, Künstler und Baumeister sichtbar wurden. Die waren, ebenso wie Wessobrunner Stuckateure, Bildhauer, Maler, Freskanten, Orgelbauer oder Schreiner, nicht stationär gebunden und bauten – heute würde man sagen: innerhalb eines Netzwerks – als begehrte Auftragnehmer von Bauherren weit über ihre Heimatorte hinaus. Die „Stars" der Zeit wie Dominikus Zimmermann oder Johann Michael Fischer waren im Altbayerischen ebenso tätig wie im Schwäbischen. Regional sehr erfolgreiche Baumeister wie Joseph Dossenberger oder der Weißenhorner Freskant Franz Martin Kuen und dessen Schüler wirkten jedoch tatsächlich vorwiegend in dem Gebiet, das wir nun *Schwäbischer Barockwinkel* nennen.

So schließt sich der Kreis und die Auswahl bemerkenswerter barocker Bauten Mittelschwabens, die vorwiegend im Landkreis Günzburg, jedoch auch in den Landkreisen Neu-Ulm, Unterallgäu und Augsburg liegen. Sie alle sind von bemerkenswerter Schönheit und besuchenswert für die Menschen aus Schwaben und Bayern, die beim Kennenlernen *Barocker Pracht in einer Landschaft stiller Schönheit* immer auch viel über die Geschichte ihrer Heimat erfahren – und für Gäste, die aus anderen Teilen Deutschlands, Österreichs und der Schweiz in die Region kommen, um erstaunt feststellen zu können, dass die regionalen Verflechtungen in der Vergangenheit von weitaus größerer Vielfalt waren, als wir heute annehmen.

In diesem Sinne wäre ein schöner Gedanke, dieses Buch als Impuls für die politischen Entscheidungsträger in den Kreisen, Städten und Gemeinden des *Schwäbischen Barockwinkels* verstanden zu wissen, über die eigenen kommunalen Grenzen hinauszuschauen und die Chancen gemeinsam zu nutzen, die der kulturelle Schatz dieser verbindenden Geschichte unserer Region bietet: die barocke Pracht nicht nur für Kulturreisende, sondern vor allem auch für die Menschen deutlich sichtbarer und erlebbarer zu machen, die hier leben – und damit auch ein gutes Stück regionaler Identität zu schaffen.

Augsburg, im Oktober 2021

Wolfgang Strobl

Impressum

Schwäbischer Barockwinkel
Barocke Pracht in einer Landschaft stiller Schönheit

1. Auflage, Oktober 2021
ISBN 978-3-87437-603-7

Konzeption und Text: *Wolfgang Strobl*
Fotos: *Wolfgang Strobl, Simon Strobl*

Grafische Gestaltung:
Laura Trotta, Stephanie Endemann, Simon Strobl contrast marketing-kommunikation & verlag GmbH, Augsburg, www.cmkv.de

Umschlaggestaltung: *Stephanie Endemann*
Satz und Bildbearbeitung: *Simon Strobl*

Die Deutsche Bibliothek verzeichnet diese Publikation in der Deutschen Nationalbibliografie; detaillierte bibliografische Daten sind im Internet über dnb.d-nb.de abrufbar.

Informationen über unser Verlagsprogramm:
www.konrad-verlag.de

Wolfgang Strobl, contrast marketing-kommunikation & verlag GmbH Eserwallstraße 17, 86150 Augsburg

Pro Suebia
Dr. Eugen Liedl Stiftung

Das Manuskript zu diesem Buch entstand mit Hilfe einer Autoren-Förderung der Dr. Eugen Liedl Stiftung

Bildnachweise:

Titelfoto:	Wolfgang Strobl
Seite 2:	Wolfgang Strobl
Seite 6/7:	Wolfgang Strobl
Seite 8:	Karte OpenStreetMap
Seite 11:	Wolfgang Strobl
Seiten 14-25:	Wolfgang Strobl
Seiten 26/27:	Simon Strobl
Seiten 28/29:	Wolfgang Strobl
Seiten 30/31:	Simon Strobl (1), Wolfgang Strobl (1)
Seiten 32-73:	Wolfgang Strobl
Seiten 74:	Wolfgang Strobl (3), Axel Weiss (1)
Seite 75:	Wolfgang Strobl
Seiten 76-81:	Wolfgang Strobl
Seite 82:	Reinhard Hauke
Seite 83-84	Wolfgang Strobl
Seite 85:	Krippenmuseum Mindelheim
Seiten 86-90:	Wolfgang Strobl
Seite 91:	Wolfgang Strobl (2), GFreihalter (1)
Seite 92-102:	Wolfgang Strobl
Seite 103:	Wolfgang Strobl (2), Axel Weiss (1)
Seiten 104-136:	Wolfgang Strobl, Leporello (1)
Seite 137:	Wolfgang Strobl (2), Axel Weiss (1)
Seite 138-142:	Wolfgang Strobl
Seite 143:	Simon Strobl (1), Wolfgang Strobl (1)
Seiten 144-203:	Wolfgang Strobl
Seiten 204/205:	Simon Strobl
Seiten 206-226:	Wolfgang Strobl
Seite 227:	Wolfgang Strobl (2), Flussar (1)
Seiten 228-233:	Wolfgang Strobl
Seite 236:	Peter Buchner
Seiten 237:	Wolfgang Strobl